王宝库 侯廷亮 毛晓彤 著

中国民间紫禁城

山西灵石王家大院

山西出版集团
山西人民出版社

图书在版编目（CIP）数据

中国民间紫禁城—山西灵石王家大院／王宝库著．—太原：山西人民出版社，2008．12
ISBN 978-7-203-06277-6

Ⅰ．中… Ⅱ．王… Ⅲ．民居-简介-灵石县 Ⅳ．K 928.79

中国版本图书馆 CIP 数据核字（2008）第 180910 号

中国民间紫禁城—山西灵石王家大院

著　　者：王宝库
责任编辑：赵　宏
装帧设计：王宝库

出 版 者：山西出版集团·山西人民出版社
地　　址：太原市建设南路 21 号
邮　　编：030012
发行营销：0351－4922220　4955996　4956039
　　　　　0351－4922127（传真）　4956038（邮购）
E－mail：sxskcb@163.com　发行部
　　　　　sxskcb@126.com　总编室
网　　址：www.sxskcb.com
经 销 者：山西出版集团·山西人民出版社
承 印 者：山西出版集团·山西新华印业有限公司
开　　本：787mm×1092mm　1/16
印　　张：6
字　　数：93 千字
印　　数：1－5 000 册
版　　次：2008 年 12 月第 1 版
印　　次：2008 年 12 月第 1 次印刷
书　　号：ISBN 978－7－203－06277－6
定　　价：30.00 元

如有印装质量问题请与本社联系调换

目 录

一、天上掉下"灵妹妹":天外来客造就了一
个延用千年而不废的县名——"灵石" …………… 002

二、王家大院与太原王氏 …………………………… 007

    1、高度浓缩中华民族传统文化和哲学
理念的汉字——"王"字及其训诂 ……………… 007

    2、"王"乃天、地、人、君之和合。以"王"字为姓氏徽
号者,堪称百家姓中高文化含量的超级大姓氏 …… 009

    3、以太原为郡望的"姬姓王氏" ………………… 011

    4、郡是"片"而非仅"点" ………………………… 015

    5、血浓于水,书写亲情;情重于山,饮福铭恩 …… 016

三、太原王氏的一支走向灵石静升镇。一
颗璀璨的明星在这里静静地升起 ………………… 019

四、王氏文化的灵魂依附于王家大院这一载体,灵魂
不再飘零,载体不再无神,鲜活的生命由此形成 …… 021

五、一径抵幽山 居然城市间
——王家大院的外部环境 ………………………… 024

六、灵石四大家族 太原王氏后裔
——灵石静升王氏家族史略 ……………………… 035

七、一家数代竭力　百年方成巨宅
　　——王家大院修建过程 …………………………… 038

八、大院依山就势　宅室随形生变
　　——王家大院东宅院高家崖 ………………………… 040

九、庭院深深又深深　户门重重复重重
　　——王家大院西宅院红门堡 ………………………… 045

十、大道母群物　广厦构众才
　　——王家大院的空间利用·居住功能·饮
　　　食起居·生活方式·保卫措施 …………………… 054

十一、未出土时已有节　到长高后还虚心
　　　——王家大院的私塾·书院·文化教育·人性培养 …… 058

十二、天上取样人间造　窗如画卷门似诗
　　　——王家大院的木、石、砖雕和门窗艺术 ………… 062

十三、志节独垂千古后　操持只在五伦中
　　　——王家大院的孝义坊·孝义祠 …………………… 077

十四、勋业偕绵峰永峙　儒行并汾水长清
　　　——王家大院的全方位扫描与多层次解读 ………… 082

十五、乡村小庙成子遗　斯文在兹见儒行
　　　——与王家大院融为一体的静升文庙 ……………… 089

王家大院概述

　　王家大院位于山西省晋中市灵石县境东北距县城约12千米的静升村，由东宅院高家崖和西宅院红门堡，以及宜安院、孝义祠、当铺院、王氏宗祠、戏台院、佣工院等共同组成，总计有大小院落123座、各种房屋1118间，总面积约25万平方米，是国内现存规模最大的古代民居建筑群。西宅院红门堡今已辟为中华王氏博物馆，创建于清高宗乾隆四至五十八年（公元1739~1793年）；东宅院高家崖则开辟为中国民居艺术馆，创建于清仁宗嘉庆六至十六年（公元1801~1811年）。东宅院与西宅院两大建筑群隔沟对峙，一桥相连，相辅相成，相映成趣，浑然一体，气势恢弘而壮观，院内随处可见的木、石、砖雕艺术品尤其令人叹为观止，故有"华夏民居第一宅"及"中国民间紫禁城"之盛誉，系全国重点文物保护单位、全国文化产业示范基地、国家4A级旅游景点、"中国质量万里行"全国示范单位、中国民间文化旅游示范区、山西"十大著名优秀景区"和省级文明景点、中国作家协会确定的"作家生活创作基地"，2006年12月15日列入《中国世界文化遗产预备名单》。

灵石静升镇王家大院

天上掉下"灵妹妹":天外来客造就了一个延用千年而不废的县名——"灵石"

地处黄河东侧和黄土高原上的山西省,其县、市之得名,因着黄河和黄土的恩赐,无一不具有悠远的历史传承和厚重的文化积淀,但是以超时间和超空间的缘由、因为系"天外来客"造就并且逾千年而始终不废的县名,却只有一个,这便是王家大院所在之灵石县。

以"王"为"氏"者的王氏家族,其肇始及郡望所在,乃太原郡。

查秦始皇所置36郡之一的太原郡,其所辖21县,无有灵石。这不是因

依山就势高下叠置的深宅大院

为灵石县不在太原郡的辖境之内，而是因为太原置郡之初，坠落在今灵石县境内的那块"灵石"还在天外的宇宙某一区域悠哉游哉地飘荡和运行，地球上的这一方土地还不是一个独立的县份，而是界休县（即今介休市）的组成部分。

亿万斯年以前，山西高原上的晋阳盆地原来是一派汪洋泽国，洪水肆虐，贻害百姓。尧舜时期，我们华夏人的先祖诞生了一位名叫"大禹"的治水英雄。他率领黎民百姓首先进行大范围的考察调查和缜密的分析研究，一反其父所采取的"兵来将挡，水来土掩"的老套路和笨办法，而是看洪水欲向何处流淌，便帮助它克服障碍而流向何处，以"疏导"的办法来治理洪水，在山西中部地区南端的灵石县太岳与吕梁两山夹峙间和交会处打开了一个大豁口，遂使滞留日久的浩瀚洪水找到了出路，于是奔腾下泄，汹涌南去，汇入黄河，折而向东，归于大海。洪水排泄之后空出的湖底，因此而形成了地势平坦、物产富饶的晋阳盆地，山西民间缘此而有了一句流传久远妇孺皆知的谚语："打开灵石口，空出晋阳湖。"

灵石其地形势雄险，左太岳而右吕梁，汾河贯穿于两山夹峙之间的深山峡谷中。灵石县的得名，不因人事，不因史实，却是由于天上掉下来的一

古老的石刻造像碑印证了灵石县历史传承的久远和文化积淀的丰厚

块石头。据《元和郡县志》记载，灵石县"本汉介休县地，隋开皇十年（公元590年），因巡幸，开道，得瑞石，遂于（汾河）谷口置县，因名'灵石'"。《太平寰宇记》的记载似乎更为翔实而具体："隋开皇十年，因巡幸，傍汾，开道取其平、直，得石，文曰'大道好吉'，因分（介休县地）置灵石县。"

这真是天上掉下"灵妹妹"，一颗外太空的"飞来石"，造就了一个颇具神秘和传奇色彩的县名。灵石县的"灵"性，以及其富庶丰饶、经济腾飞、

天降"灵石"增瑞气,地纳宝物庆吉祥。

似铁非铁,似石非石,其色苍苍,其声铮铮,地面以上高1.6米,底部直径1.5米,体积约2.4立方米,呈不规则多棱圆柱形,状如假山,埋于地表以下部分的体积究竟有多大则不得而知。这块天上掉下来的通灵宝石长留斯地,"镇水灾,捍城垣",山川显灵秀之气,钟毓此地之灵石。滔滔汾河水北来南去,历古贯今。古代漕运自从有了"灵石"之后,便再也没有舟船翻覆之事故发生。灵石县凭藉此石而平添祥瑞吉兆,是为至幸。

或许是因为天上掉下来的这块宝石灵验无比,灵石县果真是地上风光旖旎,地下物产丰富,并且因着"地灵"而造就了数不清的"人杰"。

山西的母亲河汾河自宁武县的管涔山发源而奔腾南去,于上兰村的全国重点文物保护单位、供奉春秋晋贤臣窦犫的窦大夫祠附近流入太原盆地,河床变得宽阔,流速骤然滞缓。汾河水曲曲折折,流经灵石县境,在两山夹峙之间蜿蜒前行,河床愈来愈窄,河

文化发达、百业兴旺,便成为历史的宿命,从而在21世纪获得了充足完备和毋庸置疑的验证。

在天者为阳,堕地者为阴。天外的"灵石"坠落在灵石县境内,与大地母亲融为一体,成为以"母"为尊号的"地"的组成部分。本书作者以"妹妹"称之,至少无阴差阳错、雌雄颠倒之嫌,倒也相宜。

这"灵妹妹"与天地同岁,历经沧桑而不见衰老,在灵石县旧城北门外的吕祖庙内坐地对天,浑身遍布洞窍,

水跌宕起伏,之后出灵石口,越临汾、运城两大盆地,在运城市的新绛县境内折而向西,于河津市的禹门口南部之东、中湖朝与黄河合流。

亿万斯年的河水切割,使灵石县境内形成了陡峻险峭的高山深谷,母亲河的乳汁便滋润了这一方水土,在地表下面蕴积了品种繁多的丰富矿藏;地面之上则是林茂粮丰,名胜与古迹错落,历史和文化交融。

王家大院附近由于旌表春秋晋文公患难侍从及贤臣介子推懿德嘉行而得名的旌介村,有文化层堆积丰厚的新石器时期及历代文化遗址,在向后人凸显着自新石器时代肇始,历经殷商,以迄两汉,中国早期人类和中华民族的历史信息与文明秘笈;"打开灵石口,空出晋阳湖",流传久远的大禹治水的传奇故事,以"灵石口"的"打开"为大禹治水伟业成功告竣的标识;绵山脚下的张嵩村附近所建介子推庙,是中国人祭祀"北方屈原"介子推的坛场;仁义河北岸西许村的周槐,与太原晋祠的周柏齐年,和河对岸翠屏山上为了振兴文风所兴建的"风水宝塔"文笔塔遥相呼应,"树下偶弈,不觉柯烂;塔前了悟,顿成神仙",当是灵石县风物隽永和历史悠久的见证;高壁村附近韩信岭上的韩信庙和韩信墓,在诉说着"兔死狗烹,鸟尽弓藏,敌破臣亡"的悲壮故事;韩信葬此,可以说是"适得其地":一个山区小县,雄峙着阴地关、长宁关、汾水关、冷泉关、雀鼠谷、韩信岭、秦王岭、摩天岭等雄关险隘,关隘前的金戈铁马、刀光剑影、烽火硝烟、兵家战事是对军界奇才的最大安慰;王家大院和苏溪村之间佛教名刹资寿寺的十八罗汉像,在用无声的语言和颈项上的伤疤瘢痕,诉说着头颅失而复得、重归金身的海峡两岸"血浓于水"的亲情故事;奇峰耸翠、高入云天、由石之膏脂贮聚而成的石膏山,集中体现了灵石县山水的奇特和秀丽……

灵石县的这一方水土,造就了数不清的风云人物,其声名显赫,彪炳史册,当然是有案可稽的。然而,"俱往矣,数风流人物,还看今朝。"我们暂且不去屈指历数灵石县的古代著名人

放眼汾水暮霭黯,满目青山夕照明。

中国民间"紫禁城"

物,单就当代而言,一个山区小县出现了以著名科学家何氏三姊妹(何怡贞、何泽慧、何泽瑛)、法学家张氏两兄弟(张友渔、张彝鼎)、画家力群、作家胡正等为代表的杰出人物,也足以令世人惊叹称奇。

需要特别强调指出的是,灵石县的当代人才群落,尤以"何氏三姊妹"最具知名度和影响力,不只国人皆知,而且扬名于海外,享有"何氏科苑三姐妹"之盛誉。大姐何怡贞留学美国,曾获化学硕士、物理学与哲学双博士学位,在美国期间从事光谱学研究,最早标定并且发表了"钇的光谱线从可见光到紫外线"之科学研究成果;二姐何泽慧在德国留学期间发现了弹性碰撞现象,20世纪40年代在巴黎发现了铀的三分裂和四分裂现象,偕其丈夫著名科学家钱三强归国之后又在北京创建了新中国的原子研究所(今为高能物理研究所),被誉为"中国的居里夫人";三姐何泽瑛大学本科毕业之后始终从事植物形态与种子方面的科学研究,是植物学研究方面成就卓著的科学家。

"河水之弯曲,乃龙气之聚会也"(见《阳宅撮要》第一卷"总论")。太原郡南端的这一方土地,的确堪称"天破石可补,人杰地自灵"(楚图南语)的"风水宝地"。如果此地不是人杰地灵的风水宝地,又怎么可能会有"华夏民居第一宅"和"中国民间紫禁城"的兴建? 唯如此,故王家大院享有"全国重点文物保护单位"桂冠,并列入《中国世界文化遗产预备名单》,成为灵石县的品牌、标识和广告,引来游客如云,名著海内外,令世人瞩目。

王家大院与太原王氏

　　王家大院因系灵石县静升镇王氏家族的老宅而得名,灵石静升王氏乃太原王氏后裔。

高度浓缩中华民族传统文化和哲学理念的汉字——"王"字及其训诂

　　汉字是汉族人民用来记录汉族语言的书写符号系统。现今正在使用的汉字是从甲骨文、金文等演变而来的,在形体上逐渐由图形演变为笔画,象形演变为象征,复杂演变为简单;在造字原则上从表形、表意到形声,一个字一个音节,绝大多数汉字是由表意偏旁和表音偏旁组合而成的"形声字"。汉字有音(字的读音)、形(字的形状)、

王家大院珍藏的"大清万年一统天下全图"

意（字的含意）三大要素。弄清楚文字、语词、语言的含意，古人称之为"训诂"。所谓"训诂"，就是用语言来解释文字或语词。清代学者陈澧说："地远则有翻译，时远则有训诂。有翻译则能使别国如乡邻，有训诂则能使古今如旦暮。训诂之功大矣哉！"（见《东塾读书记》卷十一）可见训诂乃文字、语词、语言上的通古达今之术。今天的中国人欲了解历史，阅读古书，则不可不通晓训诂之术。

王氏家族姓氏所使用的"王"字，字形简单，读音尽人皆知，难度在于训诂。《广韵》一书将"王"字的含意诠释为"大也，君也，天下所法"；《正韵》则诠释其含意为"主也，天下归往谓之'王'"。此类训诂虽然解说了"王"字的一般内涵，却没有深入阐释该字的字形为什么是三横一竖。还是孔老夫子的解说最为精准和确切："一贯三为'王'。"汉代大儒董仲舒作了进一步诠释："古之造文者，三画而连其中，谓之'王'。三者，天、地、人也；而参通之者，王也。"

天、地、人三元素，由王者参通，以"一"贯之，岂不是高度浓缩了中华民族的传统文化和哲学理念么？

中华民族的传统文化浩如烟海，博大精深，涉猎面极为广泛，其哲学理念深奥、奇诡而庞博，绝非片言只语或一篇文章所能够全面概述。但是与西方文化和西方哲学相比较而言之，中华传统文化和哲学理念的另一个特点是，它具有一种语言所难以精确表达的恢弘大气。它对于事物的认识和理解决不囿于事物的本身，而是冷眼旁观地从旁观察，高屋建瓴地居高审视，以独特的思维自冗杂的事物中获取抽象，其结论的高度概括、洗炼简约、机敏精准如果不具备形象思维型的艺术家特质，则不可能得之。

朱镕基总理题写的"王家大院"

"乐善堂"门额

大千世界、浩瀚宇宙虽然广袤无垠，但是中华文化却极其简约与精练地以天、地、人三元素予以高度概括，说尽了宇宙万物：

"天"指外太空，"地"指地球及滋养生命的土地和土地上的生命，"人"指万物之灵长。其哲学理念一言以蔽之，是追求天、地、人三元素的平衡、协调、和谐，也就是中国人所常说常讲、耳熟能详、念念不忘的"天人合一"。

"王"乃天、地、人、君之和合。以"王"字为姓氏徽号者，堪称百家姓中高文化含量的超级大姓氏

姓氏是家族的符号和标识，是个体人的第一标志。

先秦及其以前，"姓"与"氏"是两个不同的概念，具有明确而又严格的区别。盖先有"姓"而后有"氏"，"男子称'氏'，妇人称'姓'。'氏'所以别贵贱，'姓'所以别婚姻"（见《通志·氏族略序》）。"姓"作为族号，起源于母系社会，"氏"则是父系社会的产物。《庄子·盗跖篇》说："神农之氏……民知其母，不知其父。"《吕氏春秋·恃君览》说："昔太古尝无君矣！其民聚生群处，知母，不知父。"上古姓氏如姬、姜、姚、姒（读 sì）等，均以"女"字为表意偏旁，便是证明。而"姓"字本身亦以"女"字为偏旁，足见"姓"肇始于母系社会而毋庸置疑。

"聚生群处"的群婚制的母系社会，世系的计算只能以母亲方面为基

"腾宝辈英"门额

点进行，各个母系氏族分别采用一种动物（或植物、事物）作为徽号，此即所谓"图腾"，形成原始"姓"的雏形，其氏族成员在血缘上均出自同一个母系祖先。有鉴于此，故《说文解字》诠释"姓"字之含意曰："姓，人所生也……因'生'以为'姓'，从女、生。"《释名》说："女、生曰'姓'，谓'子'也。"

"氏"的字源本意是指"木本"，也就是植物之根。岁月推移，子孙繁衍，一族分为若干支系而散居各地。为了区别各个支系的不同出身和地位，每支再命名一个称号，以便相互区别，此即所谓"氏"。《国语·周语》说："姓者，生也。以此为祖，令之相生，虽不及百世，而此姓不改。族者，属也，与其子孙共相连属，其旁支别属，则各自为氏。"

据《通志·氏族略》及《广韵》等古籍古书记载，王氏源出众多，非只一裔。先秦之前的夏、商、周三代，帝王的子孙多称"王子"或"王孙"，其后人或许有以"王"为氏者。

王氏的源出和发端大致有：

一、出自妫（读 guī）姓，相传为虞舜之后裔；二、出自子姓，系殷商纣王之子比干的后裔；三、出自姬姓，乃周文王第十五子毕公高或者周灵王太子姬晋之后裔；四、出自春秋时期魏献子等王族之后；五、南北朝时期，西魏鲜卑贵族复姓可频氏者，改姓为王氏；六、古高丽国君有以王为氏者；七、西羌钳耳贵族有王氏；八、皇帝赐姓王氏；九、旁氏别姓为了自尊自贵而冒姓王氏。

"王"字的含意，诚如前文所述，竟然是如此的广博深奥，囊括了浩瀚的宇宙，体现了大中国文化的无尽奥妙，表示了天、地、人、君之和合，几乎没有任何汉字能够似"王"字这般高度浓缩中华民族的传统文化和哲学理念，具有如此这般的高文化含量。

能够以"王"字为姓氏者，其肇始者必非寻常人物，一定是天子、帝王、皇室之后裔的大富大贵大福之人。上面所列王

门楣木雕

氏九大来源，舜帝之后裔、商纣王之子比干的后代、周天子之后裔、春秋魏献子等王族的后代、西魏贵族可频氏、古高丽国君及其后代、西羌贵族等，非帝即王，抑或贵族，其门第在封建社会的尊贵不言自明。至于皇帝赐姓，又别是一种尊荣。即便是旁氏别姓冒姓王氏之人，亦非等闲之辈可比，乃系乱世英豪，或者是五代十国的君主。就人口数量而言之，王与张、李二姓并称"中国三大姓"，王氏人口占全国人口的将近十分之一而数以亿计，一姓之人几乎是欧洲十数个中、小国家人口之总和，实乃在"质"和"量"两方面均当之无愧的超级大姓。

以太原为郡望的"姬姓王氏"

魏、晋以迄隋、唐，每个郡都产生了若干显赫荣耀的家族，此即所谓"郡望"，意思是先祖世代居住于某郡，这个家族在那里人才辈出，因而为当地所仰望。郡望与祖籍不同，祖籍是指某姓人祖先的出生和发祥之地，而郡望则是祖辈们的荣耀与发迹之地。

东堡院供奉太原王氏始祖的"子乔阁"

"郡"是自春秋和战国起始以迄秦代的数百年之间逐渐形成的地方行政区划。其特点是不再以血缘分亲疏，纯粹以地域作区划。秦始皇建立大一统的秦帝国之后，废除了六国的大小采邑，改封建诸侯为"郡县制"，分天下为36个郡，郡之下设置县，建立郡、县二级行政组织，郡、县长官由朝廷直接任免，以"郡县制"代替"分封制"，中国的行政区划制度由此而肇端。

魏、晋、南北朝时期，用人选官实行"九品中正"制度，选用原则以家族世系为重，唯门阀是举，望姓氏族子弟大多入仕做官，身居高位要职，并且代代荫袭，形成了森严的等级制度，贫贱与富贵、显赫与卑微对比鲜明，反差巨大。望族大姓、高官要员久待于一地，影响日增而深广，人们必定仰慕其人及其地，最终人、姓、地三者相关联，于

门楼抱箍石

柱础石雕

是形成了所谓"郡望"。

直白地说,"郡望"就是地名后面缀姓氏。

郡望现象代有沿袭,至今不绝。中华民族"寻根问祖"、"落叶归根"的传统观念使得包括大陆、台湾、香港、澳门、海外各国在内的全球华人极其重视自己姓氏的来历和郡望,海外华人大都将自己的姓氏、郡望、家谱视为命根和命脉,经常以同姓氏、同郡望来联宗认亲,"郡望"因而成为姓氏文化不可或缺的重要内涵。

郡作为行政区划,始于秦而终于宋,长期沿用。后来虽然废止,但是"郡望"现象不灭,代代相沿不革。

太原郡是秦始皇所置天下36郡之一。"太原"这个名称来源于《尚书·禹贡》中的"既修太原,至于岳阳"一语。《尚书·大传》诠释"太原"一词曰:"大而高、平者,谓之'太原'。"可见"太原"就是"原之大者","大"而难尽其意,于是再大出一点而为"太",可见太原是缘于地理、地形而得名。山西多山,并且地势高峻,唯汾河两岸为广原,因而在古代泛指汾河流域为"太原"。到了春秋的晚期,"太原"这个名称才专属于今天的太原地区。

太原地区春秋属晋,战国属赵。秦庄襄王二年(公元前248年),秦国大将蒙骜攻打赵国,占领太原,于秦庄襄王四年(公元前246年)始置太原郡,郡之首府设置于晋阳(故治在今太原市区西南古城营)。秦始皇统一中国之后,逮至两汉、魏、晋、南北朝时期以迄隋唐两代,屡有太原郡之设。郡级行政区划废止之后,唐、宋、金、明、清代有太原府之设,元朝改置太原路,1927年迄今则为太原市。

太原其地,非比寻常,乃帝尧始居、西周初年唐叔虞受周成王赐封、唐王朝开国皇帝李渊及李世民父子的龙兴之地,"襟四塞之要冲,控五原之都邑,雄藩剧镇,非贤莫属"(唐代诗人李白语),故历代多有望族世家。百家姓中的郡望数量之多,以太原为第二,仅次于京都长安所在之京兆郡,多达29个姓,分别为:王、充、伏、宫、弓、缑(读gōu)、郭、郝、弘、霍、亢、能(读nài)、祁、韶、师、帅、沃、邬、武、鄢、阎、易、郁、昝(读zǎn)、祝、呼延、令狐、澹台(读tántái)、尉迟。

王氏以太原为"郡望"。北朝迄隋、唐时期,范阳郡(故治在今北京市及河北省保定市一带)卢氏、清河郡(故治在今河北省清河县)崔氏、荥(读xíng)阳郡(故治在今河南省郑州市)郑氏与太原郡王氏,是享誉当时中国北方的"四大郡望",俗称"范阳卢"、"清河崔"、"荥阳郑"、"太原王"。

"太原王"出于姬姓,其始祖是周灵王(公元前571~前545年在位)太子姬晋。姬晋亦名"王子乔",善于吹笙仿凤、凰和鸣之音,东汉刘向所著《列仙传》说,太子晋游历伊、洛之地,被浮丘公引至嵩山修炼,30余年之后在缑氏山头向世人挥手告别,升天而去,世有"王子登仙"之传说,显然是被神化了的人物。

将太子晋王子乔神化为"仙"的原

拴马桩石雕

创者，可溯源至战国时期的楚国人屈原。屈原所作《远游》篇说："轩辕不可攀援兮，吾将从王乔(王子乔)而娱戏。"屈原将太子晋王子乔与轩辕黄帝相提并列，说他本人将要到天上去寻找早已修炼成仙的王子乔，并且拟与之"娱戏"玩耍，后人据此而将太子晋传说为"神仙"。

作为历史人物和"神仙"原型的周灵王之太子姬晋，《国语》有明确而翔实的记载：

灵王二十二年（公元前550年），谷、洛斗，将毁王宫。王欲雍之，太子晋谏曰："不可。晋闻古之长民者，不堕山，不崇薮，不防川，不窦泽。夫山，土之聚也；薮，物之归也；川，气之导也；泽，水之钟也。夫天地成而聚于高，归物于下。疏为川谷，以导其气；陂(读bēi)塘污庳(亦读bēi)，以钟其美。是故聚不陁(读zhì)崩，而物有所归；气不沉滞，而亦不散越。是以民生有财用，而死有所葬。然则无夭、昏、札、瘥(读chài)之忧，而无饥、寒、乏、匮之患，故上下能相固，以待不虞。古之圣王，惟此之慎。"

太子晋主张治理洪水宜疏导而忌堵塞，弘扬"养物丰民"、"民重君轻"论，指责壅堵洪水、修建王宫、利君害民是亡国之君所为而贤者不齿，可见他是具有先秦民本思想、胸怀经世济民大志的开明政治家。太子晋犯颜直谏，不讲情面，为周灵王所难以容忍，因而被剥夺了王位的继承权，废为庶民，郁郁寡欢，享寿18岁而英年早逝，"其嗣避周难于晋"，居住在山西太原，世人称之为"王家"，于是以"王"为氏，此宗王氏尊太子晋为始祖，后裔遂成为"太原王氏"。可见太原不仅是王氏郡望之所在，亦系周灵王太子姬晋这一支王姓人的祖籍之地。

自从太子晋的后嗣开宗立姓以来，太原王氏历经数度分支和迁徙，于是有了河汾王、琅琊王、河内王、洛阳王、咸阳王、金陵王、成都王、滇黔王、湖广王、闽南王、三槐王(开封王)、琼崖王、吉安

东宅院内看堡门

看似封闭的宅院,却有暗门与别院沟通。

王、东莞(读 guǎn)王、潮州王、台湾王氏……以及南洋各国之王氏分支,遍布大江南北和海内外。

郡是"片"而非仅"点"

专名和通名联缀,组成了特定的行政区划及其名称。以"太原"为专名的行政区划,其通名部分随时代的演进而不断产生变化,辖境时大时小而无有恒定。但是今太原从空间上讲远不如古太原大,则是无可争辩的史实。这就要求当代人审视"太原"这个地名及其所指称的区划辖境时不应该以今推古,不可以僵滞乏变,不必要小家子气,要学会用历史的辩证法以大眼界看待历史上曾经持久不衰的"大太原"。

姓氏的"郡望"之"郡",当然是指郡的全部辖境,而并不仅仅是郡的治所之地。从空间上看,郡是片状,而非点位。郡及其所辖县之地域是"片",郡的治所则是"点"。秦庄襄王派遣大将蒙骜攻打赵国,占领太原,其后于此地设置太原郡,下辖37个县,即:晋阳、梗阳、狼孟、阳曲、涂水、榆次、皋狼、界休、阳邑、邬、中都、盂、祁、大陵、京陵、蔺、汾阳、中阳、上艾、平陶、平周、于离、离石、土军、兹氏、干章、葰人、临水、武车、隰成、宣武、益兰、䣕(读 ní)是、广衍、广武、虑虒、原平,辖境约相当于今太原、阳泉、晋中、吕梁4市及忻州市的部分县(市)。秦始皇统一中国之后所置36个郡之一的太原郡,其所辖县虽然降为21个,东汉时期郡辖县又降为16个，但是其基本地域则变动不是太大，只是县有归并，时分时合，辖境约相当于今五台山与管涔山以南、霍山以北的山西省中部地区。

我们看待太原王氏的"郡望"，视界的覆盖面自然应该等同于古郡辖地，否则便丢失了历史的凭据，模糊了历史的真实。

综上所述，可以得出这样的结论：太原郡南端的灵石王家大院，理所当然是太原王氏的真正老宅。

王家大院，就是当之无愧的太原王氏老宅及祖庭、祖堂、祖产、祖业。

血浓于水，书写亲情
情重于山，饮福铭恩

姓氏文化是中华文化的重要内涵，它对于中华民族的形成和组成之研究意义重大。

中国的家谱和谱牒，将世系延续、渊源流变、姻亲血缘记述得极为清晰、细微、翔实、具体，是中华民族浩瀚史册的重要一环，不可小觑，不可或缺。瞿宣颖在其所著《方言考稿》中评述清末吴汝纶《深州风土记》创立人谱一例时感叹曰：

征之于古，则秦代之徙民实蜀、实咸阳、开五岭，此以政治之压迫而迁徙者也。王莽之乱，开辟地江南之渐；建安之乱，洛都转致空虚；永嘉之乱，士族相携南渡；此以戎马之变而迁徙者也。至于饥馑之徙民，更史不绝书矣！验之于迹，则江南巨族多托始于宋；湘蜀大姓，多启业于清初；黔滇人士，多衍支于流宦。故欲推知近代史迹，即私家谱牒而了然，

壁上神龛，随处可见。

镂空雕刻的院内影壁

"私家谱牒"这种延续了数千年的伟大传承，当是对某些民族和国家分裂分子的当头棒喝。

数典忘祖者之流欲达"忘祖"之阴图，必定要首先除灭浩如烟海的"私家谱牒"，才有可能以售其奸。而姓氏谱牒这一道源于血而发于心的无形长城，任凭你有多么了不得的巨大神通，均没有任何可能逾越。

凡我族类，无论置身于海内、海外，均谙知"血浓于水"这一浅显的道理。用谱牒来书写和表达血缘亲情，当可成为大中华之凝结剂。兹事体大，不可轻言废止、摈弃。血缘情、同胞情、家族情、民族情，情重于山。"天破石可补，人杰地自灵"的灵石县，灵石县所辖之静升镇，静升镇中的王家大院，乃太原王氏的郡望所在之祖地热土，是王氏宗亲在祖宗发祥和发迹之地精心

不待他求矣! 核而言之，人民里贯是政治社会制度所从出也。其迁徙之迹，又文化升降所从显也。自汉以来，历世久远，苟能举诸强宗巨族，溯其渊源，踪其分合，盛虚往来久暂，斯诚治吏者之一伟绩，足令吾曹深明历来社会组织之进化情状，且布露吾民族精神与世共见也。

山西灵石王家大院

中国民间紫禁城

018

太原王氏肇端和发福之地的王姓老宅

打造并且经营的偌大家产。根植于斯地而枝蔓于世界的王氏子孙回归祖地"王家"的"大院",寻根问祖,追本溯源,饮祖福而铭世恩,适时适地,得其所哉!

聚散皆是缘,离合总关情。中华正腾飞,魂兮胡不归?

归来吧,归来哟,流落天涯的游子!

太原王氏的一支走向灵石静升镇。一颗璀璨的明星在这里静静地升起

南宋初年，太原王氏的一支为了躲避宋、辽、金彼此之间的频繁征战而南下，走到了大太原的南端，定居于山势雄险易避兵灾的灵石县禹门（今夏门）。时迄元仁宗皇庆二年（公元1313年），王氏后裔王诚斋迁居静升镇，落地生根，不再流徙，宗支繁衍，渐成巨族。

这静升镇却并非寻常村寨，乃灵石县盛名久著的"四大古镇"之一。据有关史籍可知，早在两汉时期，这里已经是人烟云集，车马往来进出而行旅不绝，小村庄已初具集镇的规模。岁月嬗递，斗转星移，经年累月的发展，使古老的小镇到了有清一代的康乾时期而臻达于极盛。是时商贾云集，店铺林立，山西、陕西、内蒙古三省（区）12县的商人聚此经商，这里俨然已经成为深山沟里的大市镇、小

静升王氏在这里落地生根，不再流徙，宗支繁衍，渐成巨族。

山西灵石王家大院 中国民间紫禁城

一颗璀璨的明星在这座深宅大院中静静地升起

都会。古镇内文物荟萃,物阜民丰,一向有"灵石县里小江南"之盛誉。古镇与石膏山、绵山、灵空山等闻名遐迩的名山胜水相去不远,比邻而居。镇西咫尺之遥的苏溪村有佛门名刹资寿寺,镇内则有古代一般村镇十分罕见高密度布列的文庙、魁星阁、文笔塔、鲤鱼跳龙门照壁、后土庙等各式古代建筑。镇内外的各种佛、儒、道、神庙以及附近的名山胜水之风景名胜相映成趣,如诗如画。明末清初名士傅山先生曾经写诗赞曰:"一径抵幽山,居然城市间。"

以"风水"学的眼光审视,这里的人居环境完全可以称得上是一个后有靠山、前有流水、形局完整、众山环绕的地理单元,负阴抱阳,藏风得水,地气旺足,草木茂盛,土色光润,气脉凝聚,堆金积玉,水去处有秀峰耸立,交牙关锁,重叠周密,水口紧缩,案山横搁,故"其中必有大贵之地"。

太原王氏凭借静升镇这块风水宝地繁衍了其分支"灵石静升王氏",用土、木、砖、石撰写了有"华夏民居第一宅"和"中国民间紫禁城"之盛誉的《王家大院》这一皇皇巨著,在太原王氏宗祖所在的大太原范围内重新崛起而再铸辉煌。气度恢弘,俨然民间故宫紫禁城的王家大院,亦是太原王氏兴旺于两汉,风云于魏、晋、南北朝,极盛于隋、唐之后,在中国封建社会末期的有清一代续写的家族辉煌史。

一颗璀璨的明星脱颖而出,在大太原南端的静升镇静静地升起,数世纪不鸣则已,新世纪一鸣惊人,辉映前贤,光耀后人。

王氏文化的灵魂依附于王家大院这一载体，灵魂不再飘零，载体不再无神，鲜活的生命由此形成

我们看待和感悟姓氏，是用一种学术的眼光和科学的心态。"姓氏"在我们的心灵深处早已不再拘囿于血缘的小圈子，而是将其放置在大中国文化的大天地里重新审示、包装并且运用之。有鉴于此，所以我们将"太原王氏"这一历史事物和历史现象以及其渊源流变、根本枝节、物史人事、兴衰浮沉，称之为"王氏文化"。

本书作者一向以为，没有载体的灵魂是"孤魂野鬼"，而没有灵魂的载体则是"行尸走肉"。随风飘零的灵魂如果能够依附于根深基厚的载体，必将诞生一个有血有肉的鲜活的生命，

酿造王氏文化灵魂的重楼叠院

虽是偏仄院门,更觉隐秘幽深。

生养得法当然可以彰显无穷无尽的生命的张力。

　　本书作者也一向以为,旅游资源这一"载体"如果没有文化作为"灵魂",就不可能获得靓丽秀美、张扬有致、持久鲜活的生命力;而中华民族各种形式的传统文化,这些穿透时空而永不衰竭的鲜活"灵魂",如果不具体地依附于得其所哉的某一"载体",则是无源之水、无本之木,其结果必然是随风飘去永无依归而不知所终。

　　王氏的祖籍及郡望均在太原。全世界的太原王氏后裔如果能够回归祖宗植根之地和祖宗植德之所寻根、认祖、追念、祭祀,自然应当是王氏家族乃至中华民族的一大盛事。

　　"郡望"所指之太原,当然是设郡之初和有郡之时的"大太原",不能够是也不应该是当今的缩了水的"小太原"。

　　华人王姓的郡望所在,当然在今太原。但是并不仅仅在今太原,亦在今太原已经不能够包容的昔年往岁的老太原和大太原。

　　在北起五台、管涔二山,南迄太岳霍山,这偌大的山西中部地区,哪里有能够体现"王家气魄"的王姓老宅,那里便可以理所当然地视之为宗祖的归依和祖地的热土以及王氏家族

王家大院是王氏家族的家传祖业

穿门过户入院来

成员的家传祖业。

太原晋祠的晋溪书院作为"太原堂"和"王氏祖祠",当无不可。在风景秀丽、旖旎迷人、历史传承悠久、文化积淀丰厚、珍宝罗列、文物荟萃的晋祠,与供奉太子晋王子乔之先人周武王之子唐叔虞的祠堂以及周武王之妻邑姜享祀的圣母殿比肩联袂同处一地,倒也相宜。但令人遗憾和难以满意的是,这晋溪书院在体量上规模偏小,并且系借用,并不是王氏家族群体栖居休养生息于其内的正宗老宅及老宅内的正宗家族祠堂。

以大胸襟放眼大太原,太原郡南端灵石县境内的静升镇王家大院,是太原王氏家族成员置办的并且是迄今尚存规模浩大、保存完好、功能齐备的最大宅院。这雄浑壮阔气势恢弘的王家大院如果不装载王氏文化之灵魂,它只不过是一座又一座普普通通缺少生命没有生机的房子而已。而王氏文化如果不注入郡望祖地的这些王姓老宅,当然不能够"安身"、"立命"而彰显超越时间超越空间延年永续、持久鲜活的生命的活力。

王氏文化的"灵魂"依附于王家大院这一"载体",灵魂不再飘零,载体不再无神,鲜活而圆融的生命由此形成。

作为旅游资源的王家大院业经此一出神入化的包装和整合,从而提升了品牌,扩充了内涵,增大了包容性,提高了知名度,在海内外旅游市场因而享有了独具特色、独具魅力、不可重复、不可复制、不可克隆的个性特征,从而成为吸引特定层面客源的长盛不衰的旅游产品和商品。

一径抵幽山　居然城市间
——王家大院的外部环境

自古名村巨镇、大院老宅，堪称"风水上佳"之地者，周围必有名山胜水环绕，令人赏心而悦目。

王家大院东南的仁义河北岸，有石膏山，乃太岳山主峰之一，系太岳山的北段。其最高海拔2532米，呈南北走向，系山西省的省级风景名胜区。山以"石膏"为名，意谓此山乃石之膏脂贮聚汇集之地。这里钟乳溶岩淌溢成型，各具奇姿，因以为名。风景区内奇峰耸翠，高入云表，林木葱郁，遮天蔽日，洞奇水秀，山高谷深。主峰半腰有一座断崖绝壁，面南而立，东西两翼延伸回抱，腹内断崖之间分布着上、中、下三层石灰岩溶洞，以中、下两洞为大，长、宽、高均在数十米之间，山中寺

石膏山秋色

庙，全建于此。古人曾写诗赞曰："半崖松柏依云栽，千年古寺洞中藏。"下洞佛寺毁于战火，显得颇为空旷。中洞内建天竺古刹，由三身殿及两侧朵殿、保安禅院、白衣祠、龙王殿等组成。由于风雨不至，故殿内塑像完好无损，金碧辉煌，色泽如新。寺旁有龙洞，洞内今存铁铸大钟一口，倒埋于地面以下，口径1米左右，深约1.4米，钟顶部的8个方形孔洞在钟内贮留的清澈泉水中清晰可见。泉水在钟内来去无踪，故得名"钟泉"。泉水贯流于三洞，水量不因涝旱而盈涸。钟内容量有限，不过积存有十余担水，但是连续汲取却不见枯竭，长久不汲取也不满溢，饮之甘冽爽口，可以明目、清心、消除疲惫，具备医疗保健之功效，人们以佛教之极乐世界七宝池和须弥山迄七金山之间的内海所贮存的具有澄清、清冷、甘美、轻软、润泽、安和、除患、增益等八大益处的"八功德水"称誉之。前人曾写诗赞此八功德水："千峰竞秀影重重，尽收钟泉水一泓。玉兔惊回广寒宫，灵光依旧映碧空。"上洞今存白衣大士石雕坐像一尊，两侧有溶岩石钟乳、石笋等，千姿百态，琳琅满目。山上有松塔玲珑、柏龙悬空、石膏叠翠、罗顶松涛、钟泉澄澈、梵音洞天、龙潭神泉、高山飞

重山叠翠石膏山

瀑、养性茅庵、莲池净泉、云路横空、神飞壁峰、石猴望月、蘑菇岩崖等景点，以及南天门、舍身崖、乌龟石、石棋盘、桃花岭、猴王峰、香炉山、尖阴山、孝文山、王莽寨等名胜和古迹。各种名胜、古迹、景观、景点彼此互为借景，相互映衬，珠联璧合，熠熠生辉，大多隐匿在密林深处，雄奇秀丽，清净幽雅。滴水崖瀑布落差达50余米，犹如珍珠帘高挂半空，流水击石，节韵如琴。纵贯山麓的天河水自峭岩石罅中涌溢而出，峰映水面，涟漪叠布，水光山色，如诗如画。石膏山森林覆盖率高达76%，植被覆盖率达89%，自山脚至山巅可见层次清晰的多种植物带，有灌木丛

带、阔叶林带、混交林带、针叶林带,以及草甸、苔藓、藤蔓类等植物,树种多达137种。除了国家二类保护树种白皮松与杜柏之外,还有紫丁香、巧铃花等观赏性植物和具有很强杀菌能力的黑胡桃、紫薇,以及漆树、卫矛、花椒、枥树、鹅耳枥、华楸树、白桦树、合欢树、银杏树等。各类植物虽然是自然生成,但是错落有序,疏密结合,从平面到立体,从低层到高层,从针叶到阔叶,从落叶到常绿,各类树木品种应有尽有,三季有花,四季长青,生机盎然,极有韵律,堪称"中国北方黄土高原上的天然大花园"。

石膏山林海

王家大院的东侧有省级风景名胜区和"中华孝道第一山"绵山。绵山是风景秀丽并且人文积淀至为丰厚的中华名山,系灵石、介休、沁源三县(市)之界山,古称"绵上",周匝百余里。由于山势绵亘,故得名"绵山"。相传春秋晋名士介子推曾经隐居山中,后来又焚身于此,故其又称"介山"。绵山与石膏山同属太岳山脉,雄踞于太岳山的北端,总面积逾310平方千米,自然保护区控制面积达178平方千米,风景名胜区规划

绵山集水光山色文物名胜于一体,内涵丰富,品位极高。

面积135平方千米。其核心景区由北峰天峻山、中峰摩斯顶、西峰佛爷山、东峰艾蒿坡共同组成,面积约40平方千米,一般海拔在1400~2400米之间,最高海拔达2566.6米。绵山山势雄伟,多有悬崖峭壁,时常有泉水自崖顶跌入谷底而形成瀑布。山中四季景色各异,皆宜游览,尤以秋季红叶和冬日雪霁最令游客喜爱。山上的林地占总面积约96%,森林中栖息着多种野生动物,各种动、植物资源丰富,是山西省保护生物品种的基因库和重要储备地。绵山无岩不奇,无洞不幽,无道不险,无水不秀,无寺不古,集山光、水色、文物、名胜、佛寺、道观、神庙、仙宫、革命遗址、节令民俗于一体,内涵丰富,品位极高。山上的崖岩之奇及洞窟之幽,集中体现在以抱腹岩、蜂房泉、李姑岩、楞严会、银空洞等为代表的大小百余处岩洞。其中尤其以抱腹岩之"腹"硕大无比,内有200余间殿堂楼阁,万余人游历其内而不觉拥挤。绵山壁立万仞,怪石嶙峋,绿荫蔽日,古木参天,奇峰峭拔,溪流潺潺,雄浑伟岸而不失幽深秀丽。绵山风景区数十里游程步移景换,处处有典,令人目不暇接。游历其中,当会使游客平添"万壑千崖增秀丽,往来人在画图中"

神州名胜荟萃地,中华孝道第一山。

之感慨。

与石膏山和绵山鼎足而立的灵空山在王家大院东南方，亦为太岳山的支脉，共计由九座奇峰组成，故亦名"九顶山"。其主峰位于沁源县境内，系省级风景名胜区。这里山势峻拔，石壁如屏，岩洞幽深，林木葱郁，径路陡峭，石磴盘折，千嶂叠翠，山涧贱珠。唐僖宗乾符六年（公元879年），懿宗皇帝李漼第四子、河东节度使李侃入灵空山躲避黄巢起义军，看破红尘，于昭宗景福二年（公元893年）在山中兴建佛寺并且削发为僧，皈依佛门，后来在寺后悬崖石洞内圆寂，谥封"先师菩萨"，寺院因之而称名"先师禅院"。宋太宗端拱二年（公元989年），因太祖赵匡胤和太宗赵光义当年下河东攻打太原时，先师菩萨显灵降雨，扑灭了兵营中的火海，故宋太宗敕令重修梵刹，赐额"圣寿寺"。寺院镶嵌在危峰对峙的悬崖峭壁之间，依山就势，据险而筑，布局严谨，形制奇特，五座院落横向排列，共计有殿堂僧舍近百间，既可彼此串通，又各建山门而自成格局，总体布局错落有致，巍峨壮观。五座院落以佛殿院居中，左右两侧分别为先师菩萨院、藏经院、方丈院、禅堂院等。佛殿院以天王殿居于寺庙前端，两侧建钟鼓二楼，山门分居天王殿左右，院内则以五楹大佛殿为主体，左右两侧有配殿对峙。寺外东钟楼矗立山头，古时候朝山拜佛的香客及云游僧众大多自此入山，来几个人便敲几声钟，通知寺内知客准备斋饭。古人写诗，专咏此事："有客至东峰，危楼倚古松。欲通山寺信，先递数声钟。"小茅庵建于峭壁之间，仙、峦二桥则横架于深壑细流之上，供香客往来通行。峦桥系用14根粗圆木横搭在

灵空山古桥

沟壑两侧的岩石上，桥身施丹桂长廊，雕龙绘凤，工艺精巧，结构科学，坚固耐用。此外，盖海洞、五龙池、一线天、登云路、舍身崖、十八盘等景点幽静深邃，云蒸霞蔚，是如诗如画的天然胜景。据《沁州志》记载："灵空山东南麓有盖海洞，其洞皆石，深不可测。内有三关，每关径尺余，仅可容身。乡人遇旱取水，必侧身枵腹，方可入。约

灵空山中松林

二里许，抵后穴，微闻风涛声。取得水出，土民于洞口焚香环拜，随行即雨。如取水者稍有异念，关隘即紧，不能出入。俗传水自一关得者，风而少雨；二关得者，阴而多云；三关得者，雨始大而周。"灵空山以苍劲虬曲、各逞奇姿的珍贵古松最为引人瞩目，酿造了"蓬莱仙岛四山围，树老千年绿尚肥"的意境。其中等高等粗、接叶交柯、间距1米、相依为伴，犹如孪生姊妹之两株巨松，名"二仙传道"；三株并列，根须交结，中株较矮如长者，侧二株相互搀扶，枝同连理，叶叶交通，人称"一佛二菩萨"；主干近7米处枝分三杈、等粗等距、虬枝翠叶、笔直穿天、树冠如伞、青烟缭绕的一株巨松，谓"三炷香"。而奇松中之尤为奇特者，当首推"九杆旗"。这株奇松在圣寿寺东北山崖之巅，一茎出土，派生九枝，主干径围1.5

灵空山上"九杆旗"

米,积材近 40 立方米,树高约 40 米,其主干近 3 米处所派生之九株水桶般粗细枝杈,枝枝笔直挺拔,高度相近,如九枝旗杆耸入云天,其积材量比全国"油松之王"还要大,号称"山西第一松"。置身树下,令人有"帘卷清风全似雨,阶分翠色半如烟"之感。

王家大院附近的绵山脚下灵石县境内有介子推庙,简称"介庙",因庙内供奉介子推而得名。介子推是春秋晋公子重耳出亡在外 19 年间的患难心腹侍臣,流亡期间曾经割自己大腿上的肉熬汤给重耳食用,这就是史书上所记载的"割股奉君"之传奇故事。重耳回归晋国,登上君位,是为"晋文公",在位期间励精图治,使晋国的综合国力空前提升,他自己因此而成为"春秋五霸"之一。晋文公论功行赏,唯独介子推耻与贪图俸禄爵位者为伍,于是携其母归隐绵山。晋文公获知介子推离家出走,隐居山林,内心悔愧交加,于是亲自赴绵山恭请其出山而未果。他一时想不出令介子推回心转意出山接受封赏的好办法,遂听从臣僚建议,放火烧山,逼其走出密林。介子推虽然明知出山之后必得高官厚禄,却不愿意让世人误认为他隐居绵山是为了逼迫晋文公给自己加官晋爵。此时此刻,只有一死,才可证明自己品格超卓。介子推母子俩坚守林内而不出,双双被烈火焚烧而死。晋文公追悔莫及,痛心疾首,于是"环绵上山中而封之,以为介(子)推田",改绵上为"介山",并且沉痛表白,欲通过这一重大

灵空深山藏古寺

举措"以记吾过,且旌善人"。故王家大院附近有"旌介村",村名含意是"旌表介子推之懿德嘉行"。《孝经》有所谓"夫孝,始于事亲,中于事君,终于立身"之说。能够将"孝"的第一层次"事亲"和第二层次"事君"做到圆满极至,并缘此而立身、成名,从而臻达"孝"之最高层次者,古往今来之第一人非介子推莫属。介子推的行为感天动地,赢得了后人的敬佩、景仰和尊崇,他被焚烧而死的忌日在清明节的前一天,中国人千百年来在这一天禁火而吃寒食,此即所谓"寒食节"的缘起,绵山亦因之而享有"中华孝道第一山"之盛誉。

灵石县为介子推所建的庙宇内原有母子柏、母子碑,相传柏树生长处即介氏母子被焚之地,惜柏、碑今已不存。介庙周围浓荫十里,风景秀丽,气候凉爽宜人,向有"神林"之誉,不幸于1942年被侵华日军所焚毁,今仅存偏院一座、石碑五通、直径0.8米之石墩四个及古庙基址遗迹。中华人民共和国成立之后,当地政府于此建介庙林场,植树造林,如今仍是林木葱郁、环境清幽、景色独秀之游览胜地。

以旌表介子推懿德嘉行为名的旌介村东侧有"旌介遗址",系新石器时期迄汉代之古文化遗址,是王家大院及其周边历史传承久远和文化底蕴丰厚的证明。遗址东西长400米,南北宽

介子推画像

300米,面积达12万平方米,系全国重点文物保护单位。1976年,该村村民在修建窑洞时,曾经发现了一座商代墓葬,出土青铜器10余件。1985年,考古工作者在这里发掘了商代墓葬2座,此外还发现有古城遗址、新石器时期文化堆积以及汉代以后的墓葬多处。今已采集有新石器时期夹砂和泥质篮纹、绳纹陶器残片等,以及商代陶鬲、陶壹,汉代陶罐、陶碗、陶鬲等。遗址内发掘的2座商代墓葬均为长方形竖穴土圹墓,一座头东脚西,另一座头南脚北。墓室不大,长3米余,宽2米多,深约4~6米。其中一座墓底正中有殉葬狗所用之腰坑,使用一椁三棺;另一座墓亦殉葬有狗,使用一椁两棺,棺、椁

均已朽腐。头南脚北之墓主人为男性，左右两侧各有一具面向墓主人之女性尸骨，棺、椁之间有一具殉葬人尸骨，填土中有两只被殉葬的狗和一个牛头；头东脚西的墓穴内有两具人骨架，其上部的填土中有一具殉葬奴隶骨架，头部有明显的刀砍痕迹，大约是被处死之后殉葬。两座墓穴内主要的随葬器物是青铜礼器、兵器，以及少量玉、骨、石、陶器，共出土鼎、斝、簋、尊、罍、卣、觚、爵、觯等青铜礼器41件，矛、戈、镞等青铜兵器58件，管状器、弓形器、铃、兽首刀等其他青铜杂器共11件，鹿、兔、虎、鸟、蝉、蚕、鱼、燕、璜、璧等各种造型和形制之玉器19件。其中的青铜器上大多有精美的花纹，主要是饕餮纹、蝉纹、象纹、蚕纹、垂叶三角纹和蕉叶纹，并且多有扉棱。青铜器中有一尊蝉纹鼎，通高21.9厘米，口径18厘米，口沿内侧铸有"邑"字铭文，周身遍布淡绿色铜锈，个别地方呈米黄色斑，黄、绿相间，精巧美丽。鼎之颈部饰有若干小蚕纹，腹部饰三角垂叶纹，纹内又饰小蝉纹，鼎身及柱根、柱足等均饰雷纹。蚕、蝉形象逼真，栩栩如生，令人赏心悦目，爱不释手。这些青铜器上所铸单字或三字铭文，考古学家认为是商代方国的一种族徽。其中两件青铜礼器爵上的铭文为"羌"字，既是族名，亦是方国名。此外，墓穴内出土的兽骨管和兽骨刀与其他一些地区常见的此类文物一样，考古学家称之为"鄂尔多斯青铜器"，或曰"北方系青铜器"，地方特色浓郁。

闻名遐迩的周槐

灵空山仙桥

绿荫深处隐红楼

在仁义河北岸的西许村中，通高18米，径围7米余，树下立一石碑，为清高宗乾隆三十九年（公元1774年）镌刻。据碑刻铭文记载，古槐乃村民公产，因系周代栽植而以"周槐"为名。古槐四周压以条石，北面曾建神祠三间，可惜年久失修，今已不存。仁义河对岸翠屏山上有文笔塔，因其造型如文人之笔而得名，系清代遗构，通高26米，塔基采用青石砌筑，高0.65米，平面呈方形，边长4.4米，周长17.6米，塔身为圆锥形砖砌实心，巍峨峭拔，与古槐遥遥相对，相映成趣。古人曾经撰文赞曰："浓荫之郁郁，山色遮即还露；翠影之重重，风声吐而复吞。引绿水于门前，草堂几无暑燥；绕青烟于屋上，天际莫辨阴晴。树下偶弈，不觉柯烂；塔前了悟，顿成神仙。"古槐距地面2米处之躯干上有直径约0.4米的树洞一个，看似平淡无奇，但是进入其内却空间甚大，可容纳5~6人停驻，若一间小屋。在漫长的沧桑岁月中，乡民视古槐为"一村风水所关之区"，可"补水续脉"。抗日战争时期，中国共产党灵石县南河支部曾经将重要文件和枪支弹药藏匿于树洞内，并且多次在树洞内召开秘密会议，躲过了日军的搜捕。如今古槐仍旧年年勃发新枝嫩叶，生机盎然。

王家大院正南的马和村有全国重点文物保护单位晋祠,这是山西省除了省会太原之外全省范围内唯一以"晋祠"为名号的庙宇。庙院内的部分殿堂、戏台及残碑等迄今犹存,系元代迄清季遗构。因其与王家大院的中轴线同在彼此向北或者向南的延伸线上,故有些学者认为这座晋祠庙实际上就是静升王氏的早期家族祠堂。

此外,王家大院所在的静升镇内有文庙、后土庙等建筑,大院邻近的苏溪村则有佛门名刹资寿古寺。民居宅院与佛、儒、道、神庙鳞次栉比,错落有致,交相辉映,互为借景,彼此为对方增色、添味,发挥着古代民居聚落与宗教和神庙建筑的群体效应。

出灵石县城东行北折,沿汾河支流静升河上溯,即可抵达王家大院所在之静升镇。这里东邻绵山,西濒汾河,山环水绕,风景绮丽,古迹荟萃,正好应了那句"万物负阴而抱阳,风水绝佳"的老话,果然是地灵人杰、才俊辈出、土肥水美、物产富饶的"风水宝地"。卓著盛名的王家大院就坐落在静升镇北部的黄土台地上,居高临下,视界开阔,与石膏山、绵山、灵空山等自然山水和镇内外的文物名胜、街市铺面融为一体,旖旎绚丽。傅山先生"一径抵幽山,居然城市间"之诗句高度概括了这里自然环境幽雅和山乡古镇繁华的两大特色。

苏溪村资寿寺

灵石四大家族 太原王氏后裔

——灵石静升王氏家族史略

据《王氏族谱》及院内今存碑刻铭文记载，静升王氏系太原王氏后裔。南宋初年，静升王氏始祖自太原南迁灵石，初居禹门(今夏门)，元仁宗皇庆二年(公元1313年)王氏后裔王实(字"诚斋")迁居静升。因为元代以前无族谱可予考证，故静升王氏尊王实为其始祖，宗支繁衍，渐成巨族，今已传至第二十八世。明熹宗天启五年(公元1625年)灵石邑庠生员族人王育俊所撰《静升王氏源流碑记》铭文说："今灵石县东三十里静介里静升村王氏始祖，讳'实'，起自寒微，寄迹本村，诞生一子，派衍流长……正诗所谓'绵绵瓜瓞，衍庆无疆'者也。"

静升王氏始祖王实出身卑微，家

西宅院红门堡内视

敦厚宅大门

境贫寒。他迁居静升镇之后，以农立身，兼营制做和买卖豆腐等小本生意，一生积德行善，诚如其名与字所示，以"诚"与"实"为做人之根本，口碑甚佳，于新家所在村赢得人缘，立足扎根。

明太祖洪武初年，静升镇的王氏家族"一脉迁河南，称为'巨族'；一脉遗山东，比隆本宗"。成祖永乐年间(公元1403~1424年)，又有第六世王志国等王氏兄弟迁居河北巨鹿。留在故土的王氏本宗传至第七世，在科举考试中产生了第一个生员。神宗万历年间(公元1573~1619年)王氏家族有人开始走出本土，由农而商，"业贾燕齐"，"逐利湖海"。到了熹宗天启年间(公元1621~1627年)，王氏家族已经是"士者经史传家，英辈迭出；农者沃产遗后，坐享丰盈；工者彻通诸艺，精巧相生；商者逐利湖海，据资万千"。

明末清初，王氏族人开始经营典当，用以牟利。此时，王氏家族传至第十三世，以商贾为业者的族人，王兴旺堪称杰出代表。他以"业贾起家，性淳厚，能勤俭，以敦本睦族为先务"。其子侄第十四世王谦受、王谦让、王谦和、王谦美、王斗星、王列星、王正居等"贸迁燕、齐间，身虽货殖，而制行有儒雅者风"，"性情磊落，举止端庄，与燕、齐间豪俊交游，义气为重"。此时的王氏家族士绅所占比例为全县总数的"十之一"，先后有两位老人参加过清廷举办的"千叟宴"，受封的五品至二品实职官员有43人，家势之显赫在灵石县境内几致家喻户晓，妇孺皆知。其时王家"已近二十世，而丁口达千余人，至产有数万者、数十万者，余亦能饶裕自给。仕宦为郎，或至刺史，分宪何其盛也"。

静升王氏为官之人，所任官职有刑部陕西司郎中、陕西按察使司副使道、山东司郎中、户部浙江司郎中、户部广西司郎中、广西柳州知府、湖南宝庆知府、贵州提刑按察司事、贵州贵西道台、甘肃宁夏道台，以及资政大夫、奉直大夫、中宪大夫，并且出现了9名举人，4名进士。

清季康雍乾嘉时期，首先是十四世王谦受为了平灭吴三桂叛乱给朝廷筹措军需、粮饷、马匹有功，于是使王家自此形成官商结合的态势，将买卖做进了北京城，并且扬名京畿，以致富甲一方，他本人在康熙六十一年(公元1722年)参加了康熙皇帝举办的千叟宴，御赐龙头拐杖一把。后来又有十六世王中极受乾隆皇帝御赐黄马褂一件、银牌一面，并且在嘉庆元年(公元1796年)参加了朝廷举办的千叟宴，极尽荣华富贵。

静升王氏经商及做官所至之地，北起蒙、辽，南迄粤、闽，西至疆、甘，东达苏、鲁，商铺字号不知凡几，遍布大江南北。据清宣宗道光二十八年(公元1848年)碑刻铭文记载，仅以"广、聚、万、德、晋、天、永、恒"八字起首之商铺字号，即可多达百余家。

据族谱记载，王氏家族"五世彦通生五子"，开始分为水、木、金、火、土五派世系。清代中叶，第十五世"火派"王梦简以银钱捐得四品文官职，开始步入官场，传至第十七世时赫然进入王氏家族官运亨通、爵位频晋的鼎盛时期。据嘉庆年间(公元1796~1820年)统计，王氏家族或科考得官、或用银钱捐官，以及授、封、赠各种大夫总计达101人，跻身儒林、名登仕籍者数逾半百，另外有贡生44人、监生202人、生员129人。直隶霍州邑侯蒋荣昌赞誉静升王氏为"晋之姿范，齐之高国，张氏之七叶貂蝉，杨家之四世台衮"。以官、商显赫于世的静升王氏与两渡何氏、蒜峪陈氏、夏门梁氏齐名，被誉为灵石县的"四大家族"。

"五蝠(福)捧寿"砖雕

一家数代竭力　百年方成巨宅

——王家大院修建过程

王家大院所在的静升村,延续到了明、清两代,各种民居建筑已具相当规模,臻达极盛期。其聚落形态以横贯东西的五里长街为主轴而形成了"九沟八堡十八巷"的建筑群体。

九道沟俱以五里长街为起点沿山坡渐次北上,系结于镇北黄土高塬之上的凤凰台、鸣凤塬、栖凤塬、凤鸣岗、龙凤岗等处,一道道沟与梁,仿佛一只只凤凰会聚于此,证明静升村确乎是招引凤凰来栖的"风水宝地"。山上的鸣凤塬有王家占地360余亩的祖坟,山下的"九沟十八巷"中至少有五沟、五巷属于王氏家族所有,各种大小院落多达千余座。

王氏家族最早在槐荫拥翠的村西开始修房建宅,之后由西向东、自低而高逐渐拓展,形成了"五巷五堡五祠

建于清嘉庆年间的东宅院视履堡

堂"的庞大建筑群体,总面积逾25万平方米。

临街的拥翠巷民居建于元、明之际,清圣祖康熙三年(公元1664年)大修,高宗乾隆四十八年(公元1783年)重修,通称"王家巷"。王家巷后面的山梁上于明神宗万历年间(公元1573~1619年)起建凝固上堡。属于王家所有的锁瑞巷民居建于康熙四年(公元1665年),重修于乾隆四十四年(公元1779年);钟灵巷水井亭则系明万历三十三年(公元1605年)所建;拱秀巷内的宜安院建于康熙十四年(公元1675年),仁宗嘉庆元年(公元1796年)重修。

静升村的"八堡"建筑古朴雄浑,巍峨壮观,其中以朝阳堡问世最早,乃明代所建,清世祖顺治十年(公元1653年)重修;崇宁堡通称"西堡子",建于世宗雍正二至六年(公元1724~1728年);视履堡(即东宅院高家崖)建于嘉庆元年至十六年(公元1796~1811年);余皆建于乾隆年间。这些城堡式建筑中的恒贞堡(即红门堡)、视履堡(即高家崖)、拱极堡(即下南堡)、凝固堡(即上下堡子)均为王家宅院,和义堡(即东南堡)、崇宁堡(即西堡子)虽然有异姓人家杂居,但是系由王家人牵头,"延众相商"、"竭志经营"而成。

叠翠院门

除了上述建筑之外,王氏家族还在大院北面的鸣凤塬建有一处占地360余亩的祖坟,陵区周环墙垣,筑门两道,并且建有窑洞三孔,厢房六间,敞棚四间,可供族人聚会和祭奠先祖,同时还可供守坟人起居坐卧。

1996年4月下旬正式展开王家大院的复原维修工程。1997年8月18日,高家崖复原维修工程全面告竣,并且以"中国民居艺术馆"为名正式对游客开放。整整一年之后的1998年8月18日,红门堡建筑群则以"中华王氏博物馆"的身份与复原重修的王氏家族孝义祠一道共同对外开放。

大院依山就势　宅室随形生变
——王家大院东宅院高家崖

王家大院东宅院的规范名称,应该是"视履堡",系静升镇"八堡"建筑之一,"高家崖"当为俗称。

宅院既然称"堡",也确乎名、实相副,果然是一座典型的封闭型城堡式建筑。

这一组大院建筑群依山就势,具体宅室房屋则随形生变,显得层楼重院,鳞次栉比,高下叠置,错落有致,院内套院,门里有门,厅、堂、楼、阁因地制宜而风格殊异,王府酒馆、东堡门、车马院、办公区院、北堡门、北门院、敦

随形生变的高家崖宅室

厚宅、三元书院、东厨院、子乔阁、东围院、中围院、西围院、祭祖堂、西厨院、养正书塾、凝瑞居、南堡门、桂馨书院、叠翠轩、精舍、兰芳居、瞻月亭、西堡门成龙配套，气势磅礴壮观，功能齐备，建筑面积达19572平方米。

东宅院的建筑物依山而建，随山势起伏而起伏，因地形变化而变化。建筑物以山作体，因而有了坚实的依托和根本；山则借建筑物为表，平添了盎然的生机和生动的气韵，达到了"状飞动之趣，寓真奥之旨"的境界。

这一组建筑群由曾经做过中宪大夫、官居四品的王氏第十七世王汝聪及王汝诚兄弟创建于清仁宗嘉庆元年迄十六年(公元1796~1811年)，历时16年才大功告竣，总计修建大小院落35座，各种房屋342间。

这些院落与房屋的总体布局继承了中国古代庭院建筑"前堂后寝"的传统风格，形成了前低后高、参差错落、中轴对称、庭院幽深的外观轮廓与精神风貌。

大院四周砌筑墙垣，俨然城堡，东、南、西、北四座堡门择地而建，堡门雄伟而壮观。大院正门南堡门外有一

凝瑞居门庭

条宽3米、长逾50米的石板路纵贯南北，与镇内的五里长街相互沟通。宅院前部有一条长达百余米、宽约11米的青石大道东西横陈，使高门阔宅的庞大建筑群体增添了一种外柔内刚、不事张扬的威严感。百米青石大道的南沿建有砖砌花墙，墙内修建长达60米的长廊，显然是进入大宅院的一道序幕或一曲前奏，是雄浑壮阔、庄重威严、跌宕起伏、绘声绘色的正剧即将上演的开台锣鼓。宅门前的旗杆石、上马石、石狮、照壁等，则是前奏曲或者开台锣鼓向四面八方跳动的音符。

大院围墙之内的主体建筑凝瑞居

宅院一隅

这些房屋分隔成为若干座院落，供护院家丁居住。东北隅则是宽敞的场院，以供打麦、扬谷、晒贮粮食之用。西侧门外面有书房院、佣工院、厨房院、杂院等附属性建筑物。

高家崖以"视履堡"为规范名称，说明这一组建筑群落必然以封闭型城堡式建筑为主要特征。作为城堡式建筑，一定有环宅院而建的高大坚实的墙垣，其中以城堡之门最具特色。

视履堡的东堡门在东、南、西、北四座堡门中最为别致，高大巍峨，俨然城阙。东堡门通高14米，共计有三层，由底部两层砖构建筑和顶部一层木构门楼组成。底层居中辟券拱门，券拱门两侧的上下两层左、右各开券拱窗一个，仿佛门的四只眼睛。居中券拱门的顶部是与门洞等宽的直棂窗，窗与门之间镶嵌有巨幅石雕匾额。匾额镌刻

和敦厚宅系两幢三进式四合院，每幢均配备有坐落在正院后端高处的祭祖堂和居于院内左右两侧的绣楼，以及宽敞的正院和附属的偏院、套院、跨院、穿心院、家塾院等院落，并且有甬道、幽径、高墙、低栏等穿插其间。主体建筑的东、西两侧共计修建有两幢花园式庭院，北面高台上则修建有一长排共计13孔窑洞房，并且在房前用纵向砖墙将

高家崖东堡门"寅宾"匾额

"寅宾"二字,楷体书丹,阴文勒石。砖构门体顶部的木构门楼面阔三间,平面呈方形,整体内收,与底层居中的券拱门洞等宽,单檐九脊歇山顶,顶部用灰色筒、板瓦仰俯覆盖,施花琉璃脊饰,碧瓦朱甍,翼角翬飞。门楼施木柱,用以支撑屋顶,四周敞朗无壁,气势不凡,雄伟壮观。"寅宾"乃古文表示敬意之词,出自《尚书·尧典》:"分命羲仲宅嵎夷,曰'阳谷',寅宾日出。"《史记·五帝本纪》作"敬导日出"。孔颖达疏:"令此羲仲恭敬导引将出之日。"《尚书考灵曜》卷二曰:"春、夏,民欲早作,故令民日出而作,是谓'寅宾日出'。"说白了,这"寅宾"一词的含意,就是"东方红,太阳升",迎接早晨东升的太阳。将此匾置于面对早晨初升旭日的东堡门,恰如其分。

南堡门缺少了东堡门的巍峨气势,但是在简朴之中显现粗犷,亦当别

高家崖东堡门

具风味。

北堡门不在正北而在高家崖大院的东北角,高大坚实。此门开在玄武方位,古人以为玄武乃"主兵"之方位,因而成为供护堡家丁进出的专用门。

西堡门与北堡门相对应,开在大院的西南角,与道左沟和红门堡相互沟通,遂令高家崖此门达到了"一堡通两沟一巷"之功用。两沟乃道左沟、阎家沟,一巷则是指拱秀巷。

整个东宅院显得雄伟壮观,形制与规格多样而用途不同,各种大小院落珠联璧合,又独自成章,体现了封建社会的深宅大院"长幼有序,尊卑有别"的建筑传统和布局秩序。其单体建筑物或高大、或低矮、或瑰丽、或拙朴,构成了一个彼此协调、和谐统一的整体,是一部用砖、瓦、木、石撰写的关于人伦轨模、饮食起居、尊长爱幼、男女有别、道德伦理、民情风俗的皇皇巨著,亦如虽无声音却雄浑壮阔的交响乐章,向后来人叙说着静升王氏数百年来的浮沉兴衰和风雨沧桑。诚如中国作家协会副主席、著名作家邓友梅闻知何氏三姊妹、张家两兄弟、画家力群、作家胡正皆灵石县人士时所感慨的那样:

灵石是产作家的地方。作家有两种:一种是拿笔在纸上写文章,一种是用砖、瓦在地球上做文章。王家大院就

高浮雕"狮子滚绣球"

是用一砖一瓦做得最好的一篇文章。当灵石人民因有这样的建筑感到骄傲时,我们中国作家协会也为有这样的"同行"而骄傲。

高家崖整体布局呈"凤"形,据说是为了与呈"龙"形布局的西宅院红门堡相对应。大院正南居中的高大堡门为凤头,中轴线西侧的书院、花院与东侧的长工院为凤之双翼,北部的围院为凤尾,中轴线上面的主体建筑则是凤身,王氏祖坟恰在院北山坡的鸣凤塬上。高家崖的建筑群由此而形成了一只展翅欲飞的金凤凰形象,与红门堡建筑群比肩而立,寓意"龙凤呈祥,鸿福齐天"。

庭院深深又深深　户门重重复重重
——王家大院西宅院红门堡

西宅院红门堡的规范名称为"恒贞堡"，是一座比东宅院视履堡高家崖更加完备而典型的封闭型城堡式建筑，堡墙高大坚固，东西宽103.8米，南北长177.8米，其占地面积多达18455.64平方米。恒贞堡的堡门巍峨屹立于大院南端的堡墙居中部位，是进出大院的唯一的正式通道口。红门堡不似高家崖，有东、南、西、北四座堡门。它除了唯一的正式堡门之外，仅在东侧堡院墙体辟一小门，与高家崖相互沟通，故封闭程度更加严密。

大院四周的堡墙高逾4米，厚2米，墙顶部建雉堞。其总体平面呈矩形，堡墙四隅在墙体顶部建角亭，俨然壁垒森严的古城池。由于堡门被油漆

红门堡内的花园式宅院

为朱红色，故俗称"红门堡"。

大院内有一条南北走向之主街，与堡门相互对应而一线相连，采用鹅卵石铺设街道路面，长达128米，宽3.4米，将大院划分为东、西两大板块。

大院以南北向主街道为中轴线，院内东西两侧对称横排3条小巷，各宽3.3米，长90米左右，将宅院分隔为4排，自南而北依次为一甲(底甲)、二甲、三甲、四甲(顶甲)。

堡内总共有28座小院，共计有各种房屋多达834间。其中底甲七院为：恬逸居、直方大院、澹宁居、静思斋、清芬院、芳心院、怡适轩；二甲七院为：德馨轩、缥缃居、谦吉居、司马院、树德院、贻谷斋、樵逸斋；三甲七院为：松竹院、绿门院、景薰院、素心居、不陋居、槐庭院、碧云院；顶甲七院为：童心园、红杏园、隐翠园、兰桂园、澄怀居、莫论居、别一居，在隐翠园后面有莱青山馆，澄怀居前面则有忠恕堂。

大院前沿东南角和西南角分别有水井一口，令人称奇的是东南角水井内的水质甘甜而西南角水井内的水质苦涩，井深均逾40米，系生活在这个封闭型城堡式大院内的居民们的用水之源。井水一甜一苦，似乎是"风水学"理论的又一次印证：古人以东方为"青龙方位"，西方为"白虎方位"。青龙方位乃"上风水"方位，白虎方位为"下风水"方位。位居青龙方位的水井之井水甘甜，正与"上风水"方位相匹配；而位居"下风水"方位的白虎方位之水井内的井水苦涩，亦正在情理之中。

28座小院之平面布局大同小异，

红门堡二甲贻谷斋

红门堡三甲景薰院

其庭院及房屋的装修和装饰较多地继承了明代建筑朴实厚重的传统风格而又不失清代建筑的华美与俏丽，大多数为一正两厢二进院，正面以窑洞加插廊为主，顶部或再建窑洞，或起建木结构楼阁。绝大部分小院的房屋布局为北主南次，左右对称。但是亦有部分院落为正、偏套院式结构，院门偏处东南隅，门内是一条狭长的通道，通道尽头为内院厢房的南山墙，通道西侧南端是进入前院的大门，北端则是进入正院的大门。

令人称奇道巧颇为惊叹的是，堡院内一条南北走向的主街和东西走向横排之3条平行小巷，构成了一个硕大无朋的"王"字。街与巷的路面均全部采用直径约碗口大小的鹅卵石铺设，历经数百年无数人的走动踏磨，石面光洁而滑腻，在阳光的照耀下恰似片片龙鳞熠熠生辉，大有"日照龙鳞万点金"之气势和意境。满布龙鳞的南北走向之主街犹如龙身，左右对称分布并且满布龙鳞的小巷当为龙之腿、足、趾、爪，巍峨挺拔高大突兀的堡门仿佛昂首张嘴的龙头，东南角与西南角井水充盈的两口深井则是龙的两只眼睛，北面堡墙上生长的一株不知栽植于哪年哪月的苍翠古柏，便充当了龙的尾巴。

红门堡大院的平面布局作如此之构思和设计，既是为了与东宅院高家

红门堡东侧小门外架石桥，与高家崖隔沟对峙，相互沟通。

红门堡"恒贞"门

崖大院的"凤"形布局相呼应，亦是炎黄子孙"龙图腾"崇拜的民俗心理和审美情趣在建筑、特别是民居建筑方面的体现和反映。中国自从有了皇帝之后，全民族所共同崇仰的龙便被独裁而专制的帝王所垄断和专有，非皇族血脉的寻常百姓则只能敬而远之。只有皇帝才是"真龙天子"，皇子、皇孙、皇帝族类们才是"龙子龙孙"。皇帝的专横和跋扈消弭不了炎黄子孙对龙的崇仰，皇帝至高无上的地位、权势和财富恰恰又激发了非皇帝及其族类的普通人对龙的仰望及成龙的企盼与渴求，于是有了类似于王家大院红门堡这种用建筑形式隐约表达"有龙于斯，

久则腾飞，王氏子孙后裔终有一天可能实现成龙愿望"。

静升王氏当然不敢拿生命作赌注，公然在自己的宅院中大张旗鼓不加掩饰地去展示龙的形象，从而冒犯皇家的忌讳，但是却以隐晦的手法在心理上过了一把"龙瘾"，并且值得庆幸的是没有招惹是非，引来横祸。王氏家族成员的聪明和睿智，由此而可见一斑。

红门堡以"恒贞"为规范名称，名称用语出自《易经·恒卦》："恒，亨，无咎，利贞，利有攸往。"恒卦的卦象为巽下震上。上卦"震"是阳卦，下卦"巽"是阴卦，阳上阴下，也就是男尊女卑，乃夫妇之常理；此外，上卦"震"是雷而下卦"巽"乃风，雷、风相互助长，雷乘风而行，风因雷而动；另外，下卦"巽"是顺而上卦"震"乃动，凡事当应顺从自然法则而行动……这些都是天、地、人之常理，均象征恒常持久。能持之以恒即可臻达成功，故亨通而没有灾祸，但是务必以坚持纯贞为前提才会有利。只要坚持不懈地走正道，就可以无往而不利，吉祥如意。

红门堡内的绿门院位于三甲东巷中部，修建得富丽堂皇，值得游客驻足

于此，仔细浏览和观赏，以一饱眼福。这座院落是静升王氏第十六世王中极的宅院，院主人官至布政司衙门经历加二级，诰授奉直大夫，宣武都尉，晋封中宪大夫，清高宗乾隆五十年（公元1785年）曾获御赐黄马褂一件、银牌一枚，仁宗嘉庆元年（公元1796年）又应邀参加了朝廷举办的千叟宴。王中极获得这一特别的恩宠，正所谓"不辱先祖"：其祖父王谦受由于参与了平定吴三桂的叛乱活动而卓著勋劳，曾经在圣祖康熙六十一年（公元1722年）也参加过朝廷举办的千叟宴，并且获得御赐龙头拐杖一把。这一祖一孙前赴后继，备受浩荡皇恩，顿觉门庭生辉，因而在兴建宅第时当然不可造次求简，必定会以有异于常态的超豪华和高标准来体现当今天子的特殊恩宠。豪宅建成之后，为了祛邪避灾以图喜庆和吉祥，于是将宅门油漆为朱红色。在等级森严的封建社会，宅门之色当然不可随心所欲想用什么颜色就用什么颜色。以王中极之官级品位油漆宅院门为朱红色当然有犯上之嫌，自然会有人向朝廷打小报告，告发此事，朝廷责成都察院派员查办此案。王氏亦非等闲之辈，朝中有人向其通风报信。王中极赶在查案官员到来之前，将宅院门改漆为绿色，而将堡门漆为朱红色，如此"偷梁换柱"、"张冠李戴"，遂使打小报告者事出有因而不是无中生有，只是细节小有差错，王中极则不致祸起萧墙，加上银钱的润滑作用，一场飞来的横祸就此烟消云散，逢凶化吉。

绿门院一隅

红门堡司马院

"红门堡"和"绿门院"的名称,缘此而得之。绿门院由前、后两进和东、中、西三院大、小共八座四合院组成。这些宅院看似千篇一律,实则或二进,或四进,或串联,或并列,或相套,千变万化,各有主题,区划明确,连接自然,或曲或藏,有疏有密,含蓄隽永,庭院深深又深深,户门重重复重重。

此外,位于红门堡二甲西巷东头的司马院颇具传奇色彩,是王家大院四合院交响乐章中的"变奏曲",值得一看。司马院是静升王氏家族第十六世王寅德的故宅,院主人曾经候选州司马一职,门额悬挂有"司马第"匾,该院因而有了"司马院"之名号。司马院打破了四合院的传统格局,幽曲多变,开合自如,亦隔亦联,寓"大"于"小",正好暗合了"一关辖三门,三门通四院"之说,将偌大一座四合院区隔成为东南、南、中、北四座小型院落,显得曲屈回环,玲珑小巧。这四座小型院落各有主题,分别为加官、进禄、增福、添寿。宅院大门内的月洞门院辟为私塾,寄托了院主人期盼儿孙十年寒窗苦读书、科考及第、步入仕林、官阶步步高升之意愿,故其主题为"加官";向后穿行可登后院望月楼,既可登楼赏月,亦能看护家院,守财添资,官俸频增,故其主题为"进禄";穿越垂花门,内为二合院,乃后辈居所,院落层层递进,以"增福"为主题;北端院落乃长辈居所,正房的东西两侧配

红门堡堡墙顶部角亭

红门堡宅院鳞次栉比,气韵生动。

建厢房,是一处三合院,因其系长辈所居,自然以"添寿"作了主题。其月洞门左右两侧镶嵌石刻楹联一幅,意境高远而典雅:"谈心直欲梅为友,容膝还当竹与居。"仔细评品和玩味,宅主人淡泊宁静、以梅为友、与竹同居的心态跃然在字里行间。

翻阅王氏家谱族籍,中有《王公季玉传》一文,读来甚感奇奥诡谲:宅主人王寅德有子名"王璋",字"季玉",虽系一介书生,却无意于儒林仕途。他善于弹奏琵琶,尤嗜酒好饮,"养一小鹿于小圃间,风恬月朗,率琴一曲,尽一壶。少顷,则放鹿,看其仙轶之状。其圃中有妖,时见人形。季玉独立,琵琶、酒樽对之,不少变。余省试,过宿其间,季玉不言也。夜半,忽有声自北来,初如虎啸,循墙渐至亭栏。少刻,将亭上小几悬空中,如转蓬。随转绕之,歌俚曲良久,乃大笑而去。星夜月明,余自窗隙窥毕,问季玉。季玉曰:'此吾圃中作伴之妖也。不言,以试吾弟气度如何?久观,乃询,吾可人哉!'遂共笑乐,趁月明,酌亭间"。这位王氏家族的贵公子王季玉先生在与圃中妖仙交往之后,自我感觉神清而气爽,似乎少了些许俗气而多了仙风道骨,其乐也融融。乡人闻之,遂以"妖怪院"称呼其宅院。此乃灵石静升版本之《聊斋志异》,于院内驻足观瞻,令人浮想联翩而回味

山西灵石王家大院

挖池叠山，植树栽花，小桥飞架，流水欢歌，鸟鸣鹊啭，鱼翔浅底，"风中雨中有声，日中月中有影，诗中酒中有情，闲中闷中有伴"，当可"楼台尽处远观水，屋宇虽高不掩山"，领略园内外的大好风光。每当"向春之末，迎夏之阳"的春、夏之交时节，园内草青花艳，树绿水蓝，红杏出墙，兰桂飘香，围城内的小天地与堡墙外的大自然彼此呼应唱和，共同演唱春之曲、夏之歌，别是一番幽情，另有万般雅趣，心旷神怡，

庭院深深深几许

无穷。

红门堡内顶甲有兰桂园、隐翠园、红杏园和童心园四座花园建筑，与地居平川的有钱人家的"后花园"概念正好相反，而是因地制宜，别出心裁，易前为后，前后倒置，形成了"前园后院"之格局。四座花园虽然各自独立，却又彼此沟通，连环相套，互为依存。园内陶然忘机。

置身于红门堡内的"王"字形街巷东游西逛，驻足行走，但见走廊、门户、庭院、花园、窗棂、宅室、踏步等构造的平面连续性和空间穿透力兼而有之，前后相续，以至于无极，形成了可栖居、可游历、可赏心、可悦目的丰富多彩的生命感悟和生活体验，给人以"庭

院深深深几许"的强烈感官印象和心理冲击。

红门堡三甲东巷包括绿门院在内的三座院落计3500平方米的建筑物今已辟为"中华王氏博物馆",并且正式对外开放,使这里成为目前海内外规模最大、内容翔实、资料浩瀚、体例完备、功能齐全的王氏文化研究、陈列展示、收藏开发的中心。馆内收藏并且陈

院内日晷

列有:王氏族谱261种1300余册、太原王氏及其各支衍派的世系表、太原王氏名人谱传、关于海内外王氏研究的著作以及有关资料、海外王氏名人录、海内外王氏家族成员收藏的大量与家族史有关的实物和文字资料、静升王氏世系图以及有关资料与实物,数量浩瀚,内容广博,多侧面地反映了中华王氏在中华民族5000年文明进程中的播迁脉络和历史性贡献。王氏博物馆的建立为弘扬中华民族传统文化、教育后人绍继先贤,以及为联络海内外王氏家族成员进行寻根、谒祖、朝宗、祭祀等宗亲联谊活动,并且举办宗亲恳谈会提供了不可替代的活动场所,对联结海内外中国人共同振兴中华、增强民族凝聚力,以及实现祖国和平统一,具有重大意义。

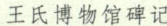

王氏博物馆碑记

大道母群物　广厦构众才

——王家大院的空间利用·居住功能·饮食起居·生活方式·保卫措施

王家大院在平面上起建由砖、瓦、木、石构筑的空间，向空间索取可以构造丰富多彩的各种建筑物的平面，于是使原本僵硬、呆滞、平淡、死板的建筑物产生了起伏，产生了变幻，产生了动感，产生了韵律。这种起伏、变幻、动感、韵律并不是平面与空间组合的"魔方"之随意旋转的产物，而是依凭山势、借着地形一座院落比一座院落高上去，加大了反差和对比，因而有了坚实的依凭、强健的载体、完固的根基，使山体之上的房舍宅院及其下面的山

花园渠上架石桥

门启洞开又一层

由"日出而作"的农耕生活而进入"逐利湖海"的商贾行当,又从商海搏击的大风大浪中踏上官运亨通的仕途,其特有的人生经历和多元多彩的文化熏陶,决定了他们不仅具有农民的勤劳俭朴、商人的练达奢华,体现更多的则是建造了王家大院的主人们的文化品位、审美旨趣,以及中华民族传统文化的深厚积淀和底蕴。

王氏家族所建造的庭院宅室就外观而言看似封闭,内部却颇为开放豁达,院落之间或以石阶相连,或用幽径沟通,回廊、甬道弯转萦绕,或直上直下,或曲屈逶迤,或张扬外露,或含蓄暗藏。游历其中,给人以"阶穷道尽疑无路,门启洞开又一层"之感。正是这种封闭中有开放、开放中见秩序的构造,使这个历经沧桑的远年老宅没有像诸多豪门旧居那样传递给人们一种避世感和诡秘感,而是令人心情为之

体彼此都平添了一种盎然的生机和生动的气韵。雄浑伟岸的山体注入了人工建筑物的灵魂,人工建筑物的灵魂附着于自然山峦的载体,于是诞生了由建筑物与山体组合而成的新生命,这里的一切立刻就都活了起来。在依山就势、高下叠置、参差错落、气韵生动的大宅院中,王氏家族是大院的主人,大院则是王氏家族成员享受物质财富的人间天堂和满足心理需求的精神家园。

静升王氏

参差错落添神韵

房墙亦是院墙,成为环环相扣的封闭圈。

舒畅,精神因其振奋。

　　静升王氏所兴建的宅院由堡墙和堡门、前院、中院、后院组成了四道封闭圈,既能满足主人对外接触和交往的基本需求,又能保持必要的隐匿性和私密性。

　　东宅院高家崖的王汝聪宅第,其第一道封闭圈由围院、堡墙、堡门组成。前院的东西配房及南厅供管家、账房先生等高级雇员居住,是大院主人与社会进行接触和交往的建筑空间,构成了一道相对开放的封闭圈,属于第二道封闭圈。北面的正房是高级会客厅,其后部为条带状之小型院落,系第三道封闭圈,乃前、后院落之间的过渡性空间,既起到了分隔作用,亦具备了联结功能。穿越这个过渡性空间北部和中部的垂花门,便进入了宅第主人的日常起居生活区,是最后一道、亦即第四道封闭圈,其中坐北朝南的正房是长辈卧室,

身临其境,如在画中。

东西两厢的底层系男性晚辈居所,上层则是未出阁小姐们的绣楼闺房。正房顶部的楼房依循"仙人好楼居"的传统习俗,特设神龛于其内,用于供奉列祖列宗之牌位。

第四道封闭圈内正房的后部建围院,供护院家丁居住,使高墙围护的深宅大院又平添了一项以人为主体的保卫措施。

王家大院的建筑空间有开有合,视界有大有小,视点有高有低,视角有仰有俯,视景有分有联,具有深邃悠远的景深,既和谐统一又对比强烈,静中寓动,起伏多变,节奏感明快,韵律感优美。

如果说"文似看山不喜平",建筑群体同样是忌讳缺乏灵动感的平直浮浅。王家大院这一篇用砖、石、土、木撰写的鸿篇巨制的"大文章",以"大道母群物",用"广厦构众材",凭借对地理形势的巧妙利用而避免了浅显浮华的平淡乏味和一览无余的平铺直叙,借助自然而巧用匠意,"美人骨骼有神韵,尽在参差错落中",灵动飘逸,如画如诗。

大院占尽地利,风光无限。

未出土时已有节　到长高后还虚心

——王家大院的私塾·书院·文化教育·人性培养

王家大院的主人一向以耕、读传家，发家致富之后尤其注重对于子弟的道德教育和文化熏陶，因而建造了许多私塾和书院，并且延聘高师，设教于斯，精心培养族中子弟。

王家大院的书院之门采用青石凿造，在门框上面镌刻青竹数枝，于丛丛竹叶之间可见与青竹同为"岁寒三友"的腊梅，以及高登梅枝梢头而欢歌的喜鹊。这是王家大院内王氏家族的子弟们接受文化启蒙教育的典型的书院之门。石雕画面的内涵寓意深刻：它不但用喜鹊登腊梅梢头而欢歌的石刻图画隐喻了"喜[鹊]上眉（梅）梢"的欢乐

书院"映奎"月亮门

气氛和喜庆色彩，而且以石刻青竹告诫本族子弟从识字开始到读书成才之全过程当中所应当具备的竹的品格："未出土时已有节，到长高后还虚心。"青竹中空，因空而虚，虚空有气，竹身有节，竹之"气"与"节"不因后天而出自遗传，在未出土时便已先天具备，出土之后无论长得多么高大，"虚心"之天然本分不爽毫厘。生活在深宅大院中的王氏子弟们虽然正在接受启蒙教育而尚未出师成人、成才，但是做人的气节、做士的气节和民族的气节则需要与生俱来和从小培养，待到成人、成才、成就事业之后却不可狂妄自大，务必虚心、谦和、戒骄、戒躁，"做无品官，行有品事；读百家书，成一家言"。观瞻书院门框所镶嵌的青竹石刻，人们当可深切感念和体悟王氏家族在文化教育上的良苦用心，汲取有益于自我身心修炼的佳酿玉液。

王家大院的书塾在书院垂花门的东侧，紧靠如意门。这是遵循"门侧之堂，教人之所"的古训而有意为之。《说文新附·土部》说："塾，门侧堂也。从土，孰声"。《古今注·都邑》说："塾，门外之舍也。臣来朝君，至门外，当就舍，更详熟所应对之事也。塾之言'熟'也。"后来引伸为"门内之学"，即私家办学之所。这里装饰简朴而不尚奢华，当是为了不使读书之人玩物丧志而荒

养正书塾石刻青竹门框

废了学业。

书院的建筑与左右对称、严肃整饬、人事纷杂、等级森严的四合院大相径庭。这里是主人修身养性、探求知识的场所，是少爷们接受启蒙教育并且读书深造的圣地。其室内陈设是在四面墙壁上设置书橱，充栋连床，钟鼎彝尊，古色古香。正所谓"东壁图书府，西园翰墨林"，"籔簌风敲三径竹，玲珑月照一床书"。人们置身于其内，忘记了尘俗的繁杂琐事、愁怅烦恼而荡然有凌云之志，"心源开处有清波云山大度，眼界高时无碍物海宇宽怀"，"探酉""映奎，苦磨心志，"蟾宫折桂"，翘

山西灵石王家大院

东宅院高家崖建有用于培养人才的养正书塾和用于读书的三元书馆、桂馨书院，以及用于修身养性的花院、精舍。这些建筑占其建筑总量的四分之一以上，显示出王氏家族在雄厚财力的基础之上向"映雪囊萤读书应晓先忧后乐，披星戴月创业当须务本求实"之"耕读传家望青云"的大目标迈进的人生追求。

桂馨书院房舍低平，光线充足，院落交错，连环相套。其外观虽然看似平淡，但是进入简陋的小门之后却是别有天地。

养成书塾书屋

书院的正门与左右两侧的月洞门鼎足而立，前院地面有"十"字花径，东西花径沟通月洞门而南北花径连接凉亭和后院。自正门至后院正房要跨越三组三级台阶，寓意"连升三级"。中院与后院之间以女儿墙相隔，墙头望柱顶端圆雕猴背上背猴石像，寓意"辈辈封侯"，寄托着王氏家族对其子弟通过科举考试自儒林而入仕林、官运亨通、首以待。

书院内的一处书屋里的墙柜上镌刻有"心无妄思，足无妄走，人无妄交，物无妄受；勤则有功，俭则足用，恭则不侮，恕则不怨"之楹联，乃王氏家族育人的家训，对于其子弟的思想行为、待人接物、处事准则作了具体而明确的规范。这大约是静升王氏家族世代兴旺、人才辈出的原因之所在。成才要从教育入手，教育当自孩提抓起，静升王氏的家教经验对于当代人亦多有裨益而并未过时。

桂馨书院"石书"

辈辈封侯的憧憬和愿望。

　　书院内今存被乡人称之为"石书"的12块24面书法石刻，因其造型和大小如同大开本书籍而以"书"名之。这"石书"出自王氏家族第十五世王梦鹏之手笔，是货真价实的属于王家人自己的笔墨真迹之遗存。王梦鹏一生除了以"孝义"二字闻达于朝野上下之外，其书法造诣亦非寻常书法家可与伦比。他于清高宗乾隆二十一年（公元1756年）驾鹤仙逝，其子王中极为了纪念亡父并且时刻缅怀乃父之德，遂聘请高手将王梦鹏书法作品勒石珍藏，传诸后世，以为永垂不朽之家传珍宝。该书院门额上所题"桂馨"二字，是曾任清代湖南宝庆府知府的王氏家族第十八世王肯为墨迹。这一祈求王氏家族的书卷气和文化味有如丹桂馨香的两个字，以及王氏老宅门上所悬"胸藏丘壑瘠地亦有韵味诗味，兴寄烟霞僻乡岂无花香墨香"、"继祖宗一脉真传克勤克俭，示儿孙两条正路惟读惟耕"、"纬武经文勋业偕绵峰而永峙，敦诗说礼儒行并汾水以长青"等楹联，是宅主人对于子孙后代耕读传家、修身养性、经文纬武、建功立业的殷切期盼之心态反映，语重心长，令人感佩。

辈辈封侯（猴）石雕

天上取样人间造　窗如画卷门似诗
——王家大院的木、石、砖雕和门窗艺术

建筑是建造于地而延伸在天的空间艺术，建筑装饰则是表达建筑艺术的重要手段。剥离了装饰的建筑物必定索然无味，从而与"艺术"无缘。好似模特儿需要时装一样，建筑物不能没有装饰艺术以及艺术的装饰。

王家大院的建筑装饰艺术集中体现于无处不在的木、石、砖雕构件之上，它们典雅细腻，美观精巧，内涵丰富，体裁多样，融北方建筑的雄浑和南方建筑的俏丽之不同风格和特色于一体，熔书画、雕塑、建筑等各种门类的艺术于一炉，音乐的节奏美、诗歌的韵律美、书画的意境美兼而有之，是清代雕刻及建筑装饰纤细繁密艺术特征的典型代表，具有极高的艺术价值。

王家大院各个庭院不同房舍从门罩、窗棂、帘架、隔扇、屏风、神龛、廊庑，到匾额、

"敦善行"门额及门楼

斗拱、挂落、雀替，以及明柱、垂柱、栋梁、额枋、栏杆、扶手等，大都装饰有上佳的木雕工艺品，千姿百态，各具特色，其艺术水准十分高超，不同凡响。

东宅院高家崖王汝诚宅第凝瑞居大门前檐柱上的雀替雕镌"华封三祝"，寓意多福、多寿、多子之"三多"，间有钟鼎古玩点缀；墀头则雕镌青龙、白虎形象，用以镇宅避邪；盘头雕刻八卦鼎，配置戟、磬、如意，用以

门楣木雕

象征"吉庆如意"；客厅当心间的帘架之架心雕镌福、禄、寿"三星"，边饰则镂刻"暗八仙"。其额枋和雀替组成的挂落上浮雕拐子龙纹，牡丹、荷花、菊花等纹饰匍匐其上，各种纹饰刚柔相济，繁简得宜。凝瑞居内院的仪门、偏门、配房、穿廊上镂刻的翼拱达60对之多，内容有天王送子、仙鹤延年、封侯挂印、状元游行，以及麒麟、狮子、驯鹿等瑞兽，仙桃、石榴、佛手等祥果，形成了翼拱木雕的艺术长廊。前院与中院之间的垂花门四垂柱雕刻两荷、两瓜，寓意瓜瓞绵绵，多子多福。门楣额枋雕镌精工细腻的博古图，雀替雕镌拐子龙纹和草卷龙纹，额枋塞板镂刻凤凰戏牡丹、狮子滚绣球、麒麟吐玉书等。门匾额的雕饰内容为天葩焕彩。《诗经》亦称"天葩"，以之装饰门额，象征书香门第。

"天葩焕彩"门楼

红门堡大门外砖雕照壁

王家大院的石雕随意点缀,到处可见。石狮雄踞大门两旁,或瞪目露齿昂首仰望,或侧目斜睨憨态可掬。此外还有很多柱础、门墩、门匾、楹联、石桌、石凳、石鼓、石书、石画、水道口、花盆座、上马石、台阶扶栏等,或雕或刻,雕则造型生动,刻则线条流畅。即使小小的门墩石,亦可见其缤纷多彩的石雕艺术之一斑,领略其"以小见大,内涵深刻"的精神风貌。

东宅院高家崖王汝诚宅第凝瑞居内院的10块墙基石分别砌筑在正窑和厢窑的墙脚处,各高1.6米,宽0.6米,画面面积0.96平方米,其上镌刻吴牛喘月、五子登科、旭日东升、麒麟送子、骏马神驹、飞马报喜,以及《二十四孝》中的汉江革行佣供母、唐夫人乳姑奉亲,均造型生动,构图严谨,左右均衡,彼此呼应,虚实相生,刚柔相济,人物造型则神采飞扬,栩栩如生,既有强烈的立体感、空间感、节奏感、韵律感,又坚固实用,美观大方,增添了喜气盈门、庭院生辉的欢乐气氛。

这些画面所反映的内容几致妇孺

象征圆满和融的月亮门

皆知,唯有"吴牛喘月"似乎有些陌生。画面上的"吴牛",是指古代吴地,即三国时期孙权所占据的吴国一带之水牛。这些水牛惧热,见到夜晚空中的月亮,便误以为是太阳,在条件反射下竟然热得大口喘气。南朝宋刘义庆《世说新语·言语》记载:"满奋畏风,在晋武帝坐,北窗作琉璃屏,实密似疏。奋有难色,帝笑之。奋答曰:'臣犹吴牛,见月而喘。'""吴月喘月"典故由兹而出。

凝瑞居大门内的影壁上镶嵌有一幅青石板巨型浮雕山水画,画面高2.67米,宽1.82米,面积4.86平方米,内容为静升镇风光,采用阴线镌刻,画面上的山石、小舟、享堂、楼阁、松竹、人物跃然其间,显得主次分明,轻重得宜,疏密有致,起伏多变,相传以傅山之画为底图进行雕刻,当为石刻绘画艺术不可多得的珍品和精品。

东宅院高家崖敦厚宅大门前的狮形门墩石刻头大面宽,额隆颊丰,箕口蒜鼻,象征高贵门第的权势和尊严。

凝瑞居"静升风光"石雕虽然漫漶不清,垂花门壁顶却灵动欲飞。

西宅院红门堡司马院的方形门墩石上雕镂春牡丹、夏莲荷、秋菊花、冬腊梅四季花卉,以及由雄鸡、鸳鸯、鹌鹑、喜鹊组成的富贵吉祥图,表达了主人对于未来美好生活的向往。其甬道门墩石刻字、画结合,初看似画,细看为字,字中有画,画里有字,反映了文人雅士的审美情趣。红门堡顶甲花园的门墩石刻自然典雅,意境高远,其中头戴官帽的骑马猴子正在摘取树枝所挂官印,隐喻"马上封侯";大猴背小猴则隐喻"辈辈封侯";麒麟送子以物形

和(荷)合(鹤)二仙砖雕

意,表达了"天降贵子"的美好意愿;古代器物隐喻"吉祥如意"之祈盼。

　　王家大院的砖雕俯仰可见,房顶上矗立脊刹、吻兽、瓦当、滴水雕刻,大门对面有照壁雕刻,墙体上有神龛雕刻,烟囱顶端有烟道出口花雕,大门两侧有对称花雕。这些砖雕作品远望可见和谐统一的整体美感,近看可见局部的细腻纤巧及精湛技艺。

　　东宅院高家崖王汝诚宅第凝瑞居大门前的砖构照壁极富特色,其顶部雕镌仿木构件,额枋雕镌四季花卉,壁身中部雕镌五蝠(福)捧寿,形象逼真,神态生动。大门左右两次间的廊心有一块砖雕作品"鹿(六)鹤(合)同春",

画面的面积达8.18平方米,系高浮雕艺术作品,构思十分巧妙。画面上仙鹤立于寿石之上,小鹿奔跑在松林之间,仙鹤引颈向天,小鹿回首张望,彼此呼应,一静一动,造型生动,构思新颖,隐喻河清海宴、六(鹿)合(鹤)同春、国泰民安。院内东、西绣楼的槛墙上有高约1米的通槛砖雕艺术品,画面内容以道教八仙为主题,显得古朴典雅,简洁大方,人物造型各异,个性鲜明,浑厚中显灵气,古朴里见典雅,构图有开有合,简朴精炼。其中蓝采和的善良耿直、张果老的仙风道骨、汉钟离的朴实无华、韩湘子的豪放豁达之刻画尤见功力,表达了宅院主人祈盼神仙赐福、万事如意的愿望。

　　此外,东宅院王汝聪宅第敦厚宅的大门外亦有一座高浮雕砖构影壁,壁面中心雕刻有狮子滚绣球。画面上共计有大、小三只狮子,嬉戏逗闹,栩栩如生,寓意"狮子滚绣球,好事不断头"。影壁额枋雕刻烂柯山、蒙古太祖孛儿只斤铁木真接见全真教首领邱处机等神话传说或者历史故事，背面雕刻牡丹、莲荷、菊花、腊梅等四季花卉，以及雄鸡、鹌鹑、喜鹊等祥禽，均堪称砖雕艺术作品中的佼佼者。

王家大院的木、石、砖雕以瓶中月季喻"四季平安"，喜鹊登梅喻"喜上眉梢"，骑马猴子喻"马上封侯"，麒麟送子喻"天降贵子"，莲荷桂子喻"连生贵子"，瓶内清莲喻"一品清廉"，双鹿偕行喻"路路通顺"，猴上背猴喻"辈辈封侯"，公鸡打鸣喻"功名富贵"，翠竹喻气节，苍松喻长寿，蝠喻福，鹌喻安……采用象征、隐喻、谐音等手法，创造出大量新鲜活泼的民间装饰艺术品，既有生动的形象塑造，又潜藏一定的哲理内涵。

这些建筑装饰的构思、设计、制作并不只是民间工匠所为，而且有文人、士大夫的参与和书画艺术家的介入，同时还有美学家在理论上的指导，于是使王家大院的木、石、砖"三雕"艺术品成为审美、实用、寓意相结合的典范之作。

王家大院内成千上万件不同材质的雕刻艺术品各具特色，异彩纷呈，斑驳陆离，庞博浩瀚，圆雕、半圆雕、镂空雕、浮雕、高浮雕、线刻雕、平面阴刻、剔底平钣、剔底起凸……等各种技法应有尽有。置身院内，俯拾皆是的三雕艺术品令游客大饱眼福，心旷神怡，流连忘返，可谓"片瓦有致，寸石生情，外立于象，内凝于神"，令人平添"生命朝露，艺术千秋"之感叹。华夏民族积淀丰厚和传承久远的风俗习惯、伦理纲

门枕石圆雕

常、宗教信仰、价值标准，以及宅院主人的意愿祈盼精神追求，通过这些三雕艺术品被体现得淋漓尽致，既富有文人之雅趣，亦具备市民之俚俗，佛、道的灵性和儒家的品格抱负志趣兼而有之，雅俗可以共赏，文野当能咸宜，不同层次的审美需求均可以在这里获得满足。

王家大院内随处可见的精雕细刻、造型生动、匠心独具、构思奇特、内涵丰富、文化和艺术品位极高的三雕艺术品绝大多数表现在大小不一功能各异的门、窗上。

如果我们把建筑物譬喻为博大精深、浩瀚厚重的书的话，那么门、窗则是建筑物这部巨著的"封面"。如果说在市场经济条件下"货卖一张皮"这句老话说明了商品包装的重要性的话，它也印证了书的封面和建筑物的门、窗同样不可等闲视之。《王家大院》这部卷帙浩瀚的大部头著作十分注重封面的设计和包装，因而在门、窗的造型设计以及制作工艺上刻意求工，一丝不苟，不落俗套。

从东宅院高家崖到西宅院红门堡，可以前后、左右、上下通行的"门"，竟然多达188道，重重叠叠、曲曲折折、或隐或现、门里套门而层层深入，"山顶重门次第开"，"深院春归燕入帘"。它是情真意切的诗，是赏心悦目的画，是高亢激越的歌，是跌宕起伏的戏，大院内外的门逾百重，却不因其数量过多而显得呆板、单调、僵滞、乏味，反而妙趣横生，绘声绘色，各有特点，绝无雷同，系"既有联系又有区别"这一古老的哲学命题在建筑形式上的生动体现。

就功能而言之，王家大院的门有堡门、院门、仪门、腋门、腰门、旁门、后门、府第门、屏风门、广亮门、如意门、

山顶重门次第开

楼门、房门、金柱门、垂花门、垂花牌楼门、垂花随墙门之分类；就形质而言之，则有棋盘门、实扇门、铁裹门、隔扇门、券拱门、浮雕石框门、抛光石框门之区别；其造型有拱顶门、方形门、鸡头门、月亮门、角门等；结构则有侧跨式、双翘角、庇栏半出檐、硬山顶半出檐等；用材既有水磨长砖或方砖，亦有斧凿青石或砂石；形制既有双开实芯板门，也有单开雕花门扇，并且有单层门扇、双层门扇、半圆门扇、矩形门扇等。除此之外，还有不安装门扇的门。过厅的前、后以及左、右旁门等，则多为隔扇门。

在形形色色的门类中，堡门雄伟高大，巍峨壮观；院门装饰华丽，庄重威严；便门与旁门则生动别致，精巧玲珑。

各种门上均附着有或雕或刻不同材质的装饰物，其中大多数门的上部均悬挂有木雕镶边匾额，另外也有悬挂砖雕镶边或者石刻镶边的匾额之门，这些门匾额均属于王家大院"三雕"艺术品之范畴。

路(鹿)路(鹿)通顺(松)砖雕

门匾的题额内容，大多数为含意吉祥、劝勉或者陶冶情操之语词，例如："恒贞"、"寅宾"、"视履"、"云根"、"颐神"、"敦厚"、"归真"、"笃庆"、"笃行"、"友竹"、"凝瑞"、"澹宁"、"贻谋"、"格致"、"处善"、"义和"、"桂馨"、"植槐"、"涵碧"、"慎思"、"觞咏"、"履祥"、"来薰"、"步青"、"整暇"、"守约"、"云章"、"纳爽"、"德馨"、"汲古"、"笔锄"、"敦固"、"缅本"、"安敦"、"养正"、"敦行"、"丽正"、"云桥"、"习勤"、"静远"、"威吉"、"瞩远"、"理和"、"励精"、"无逸"、"豫顺"、"允臧"、"谦吉"、"燕翼"、"景薰"、"仵月"、"凝晖"、"观我"、"叠翠"、"清芬"、"树德"、"乐善"、"敬业"、"探酉"、"映奎"、"惠迪吉"、"安汝止"、

山西灵石王家大院

"平为福"门庭

"敦善行"、"怀永固"、"拱北极"、"敦五典"、"慕古风"、"笃为业"、"乐循礼"、"直方大"、"绵世德"、"师吾俭"、"修思永"、"平为福"、"履德基"、"居之安"、"福寿宁"、"垂家范"、"挹恒秀"、"爱吾庐"、"驻碧云"、"学吃亏"、"敦诗礼"、"修厥德"、"迎紫气"、"蕴山辉"、"敦古风"、"谦俭德"、"敦五伦"、"培兰桂"、"丽景福"、"荷天休"、"持盈保泰"、"行鸣佩玉"、"引风延月"、"棠棣竞秀"、"雍肃家风"、"守身持正"、"腾实蜚英"、"耕心种德"、"克己复礼"、"澡身浴德"、"敦孝崇义"、"竹静居鹤"、"月地云居"、"乌衣聚秀"、"福集重门"、"鸢飞鱼跃"、"青箱世望"、"退思补过"、"致虚守静"、"安居乐俗"、"诗礼传家"、"天葩焕彩"、"光前裕后"、"木本水源"、"珠媚玉辉"、"自一山川"、"法司马训"、"桂荣槐茂"、"惩忿窒欲"、"高闳藻阀"、"躬耕立德"、"履中蹈和"、"慎终如始"等，总数达120余块，多出自《诗经》《易经》《尚书》等典籍，完全可以说是"无一字无来历，无一字无典出"。其题额的字体俊秀，构架严谨，笔法洒脱，楷、隶、行、草、篆不同字体均因地或因境而分别选用，与环境相和谐。

这些匾额的木雕类型或蓝底金字，或金底黑字，或黑底金字，全部饰以与其色调相谐调的边框，显得靓丽多姿，色彩典雅。其表现手法浮雕、阴刻、阳刻等间而用之，形状上则有碑文额、册页额、手卷额、秋叶额(贝叶额)、此君额之分,"不徒取异标新,要皆有所取义。凡人操觚握管,必先择地而后书之,如古人种蕉代纸,刻竹留题,册上挥毫,卷头染翰,剪桐作诏,选石题诗。是之数者,皆书家固有之物,不过取而后书之,非有蛇足之间也"(见李渔《闲情偶寄·居室部·联匾》)。

其中的碑文、册页、手卷诸额得名,各因其功用而所由之,自然不必赘言。"秋叶额"出自"御沟题红"典故。唐朝人范摅《云溪友议》卷十记载,唐宣宗时,卢渥赴京城长安应试,偶临御沟,拾得红叶一片,其上题诗曰:"流水何太急,深宫尽日闲。殷勤谢红叶,好去到人间。"后来唐宣宗遣散宫女,令之配嫁百官。卢渥奉旨前往择偶,成婚之后,宫女发现红叶,卢渥这才知道红叶题诗之人就是自己的妻子。后人遂以"红叶题诗"之典故,譬喻姻缘巧合或天赐良缘之夫妻。有如此情韵之题额者,遂以"秋叶额"名之。

"此君额"出自东晋王羲之第六子王徽之爱竹而成癖之典故:王徽之"尝暂寄人空宅住,便令种竹。或问:'暂住,何烦尔?'王啸咏良久,直指竹曰:'何可一日无此君?'""此君"之名由此而出。时迄赵宋王朝,大文豪苏东坡对"此君"更是宠爱有加,诗以歌之:"宁可食无肉,不可居无竹。无肉使人瘦,无竹使人俗。"王家大院的"此君额"题书"笔锄"二字,意思是说用笔在砚田辛勤地耕耘锄耙,以期在文坛多有收获。

王家大院的匾额题词用一、二、三、四字者,乃至多于四字而达16字

贝叶额砖雕

者,诸如"规圆矩方,准平绳直,祥云甘雨,丽日和风"等,皆有之,人誉之为"一字仙"、"二字诗"、"三字经书"、"四字短文"……等,可读,可咏,可观,可赏,可深究,可细品,可凸显建筑物之丰富内涵和深厚底蕴,是建筑物的诠释和解读。

王家大院的各种大门前一般多砌筑石阶,左右两侧配置雕花石鼓、石墩、上马石,以及姿态各异的石狮。其中的月亮门给人以如入仙境、别有洞天之感,令人印象深刻。西宅院红门堡的一个月亮门之左右两侧镶嵌有石刻楹联一幅,上书"丛桂联芳依玉树,猗兰香馥绕高松",用正楷书丹,阴文刻

叠翠轩月亮门

石,顶部则镶嵌扇形匾额。

东宅院高家崖的一个书院门框用四块青石砌筑,石面镌刻高浮雕"岁寒三友"松、竹、梅,梅枝梢头登喜鹊,下部则是盘根错节的寿石,周边雕镌竹枝和竹叶,颇富"门前千竿竹,家藏万卷书"之旨趣和意境,给人以清静恬淡、超凡脱俗、翰墨书香之感。

东宅院高家崖的堡门门楼上满布以琴、棋、书、画作为主题的木雕和砖雕图饰,垂花柱的柱头圆雕牡丹花与荷花,墀头和盘头彩绘各种几何图案或花卉,并且镌刻有凤凰戏牡丹、神话人

狮形烟囱

物、如意等各种图饰。

东宅院凝瑞居的大门属于"府第门"类型，面阔五间，三门一开，单檐悬山顶，前檐当心间和东西两次间出廊，两次间旁侧之两边间的正面砌筑墙壁，于墙体上辟窗。其当心间施板门两扇，两次间正面墙体上镶嵌"鹿鹤同春"砖雕图案，雀替施"华封三祝"木雕艺术品，左右墀头则配置"青龙"、"白虎"方位神之镇宅木雕像。大门的东西两侧置"辈辈封侯"上马石及雌雄二石狮。狮座上雕刻琴棋书画、八珍八宝、暗八仙等图饰，画面纤细繁密，雕工技艺精湛。

王家大院内千姿百态的门户造型各异，取景各不相同，位置参差错落，装饰繁简有别，色彩或冷或暖，看似随意，实则有心，均严格遵循封建等级礼制，并且依照阴阳八卦所示之方位而建，是儒教文化和道家思想的反映。这些门户上的门额和楹联题书多出自名家手笔，其中翁方纲题写的匾额、刘墉书赠的墨宝、郑板桥撰写的楹联……均是国宝级文物，极大地丰富了王家大院的文化内涵，提高了"门文化"的品位。

书斋、花园的院落交错

参差，连环紧套，其引人探幽、入胜的空间景观完全在于门的精心设计和巧妙构思。五个月亮门和垂花门方中套圆，圆内有方，大环套小环，小环接大环，环环相扣，方、圆互衬，极有韵味。交错萦回的循环往复路径使人们入院之后往而复返，无始无终，无穷无尽，如入迷宫。

同一座院落，由于东、南、西、北、上、中、下几道形状相似同中有异的不同门路改变了视点方向和视觉空间，同一景观因而能够给人以不同的审美感受，刚刚游览过的院落却由于门的

"乐循礼"门洞

山西灵石王家大院

麒麟送子石雕

间景观。

　　窗户是房屋的"眼睛"，具有通风、采光等许多实用性功能。"眼睛"是"灵魂"的窗户，窗户是房屋的"眼睛"，它不仅应当是明亮的，尤其应当是美丽的。有鉴于此，所以王家大院将审美情趣融溶在窗户之中，使"窗如画卷，画作窗棂"。于是一向平淡无奇的窗户在这深山沟里的深宅大院中升华为清心雅致、脱俗超凡的艺术品，巧妙地融实用与审美为一体，其造型各有千秋，异彩纷呈。

　　王家大院的窗户形状有矩形、圆形、条栅形、方格形、扇面形、石纹形、放射形、圆弧形、簇花形、画卷形、海棠花形、正六边形、半圆顶方底形、吉祥图案形、勾连卍字形、通天隔棂形；启闭方式有单开、双开、挑启、旋转和挂卸等多种形式；窗框有磨砖砌筑者，亦有用木料打制者，抑或采用青石镶嵌者……将造型、采光、启合和谐地统一

方向改变和路径的错纵复杂萦回曲折而"不识庐山真面目"，似乎是进入了"别一洞天"。这种隔而不绝和虚虚实实，使书斋、花园之景相互借用。置身于有隐有显、有藏有露的空间内，令人莫测高深，不知深浅，不知所终，诱发探幽、觅胜、寻奇、追踪的雅兴，形成千变万化往复无穷的空

窗如画卷，画作窗棂。

高家崖月亮门

在尺幅窗棂之内，既美观典雅，又方便实用。

此外，有一些窗户或开在踏道上方，或开在台阶顶端，或开在墙壁两头，或开在院门左右，以镂空木雕或石雕窗棂装芯，既富有装饰的作用，亦兼备通风和传递声音之功能。

东宅院高家崖主院的前堂后窗户仅用若干根极简单的竖条窗棂构成了一幅"书卷图"，仿佛一册开卷在读的书，显得简洁典雅，朴实无华，格调高卓，给人以"好书常读，开卷有益"之启示。

特别值得一提的是，东宅院高家崖王汝诚宅第凝瑞居后院东、西厢房当心间的木雕窗棂图案，其内容为"鱼穿莲"。山西民间一向有"鱼穿莲，十七、十八儿女全"之谚语，是企盼早生贵子、儿女双全的心愿反映。此外亦有"鱼儿戏莲花，夫妻结下好缘法"或"金针刺破海棠花，明年生个好娃娃"之谚语广为流传，则是企盼新婚夫妇你恩我爱，白头到老。此类内涵的图饰以民间剪纸者居多，主要用于新婚夫妇的洞房内张贴，或者过大年时用作窗花，作为窗棂木雕图饰则极为罕见。王家大院的"鱼穿莲"窗棂，以鱼象征男性生殖器，用莲隐喻女性生殖器，反映了人类的性爱和生殖崇拜。"鱼穿莲"窗棂的内涵及其形象绝非轻佻淫秽的下流作品，而是生命

亭式烟囱

以梅作窗,窥窗如画。

繁衍生生不息的人生本能以及由此而形成的严肃庄重的文化结晶。

该宅院后院窑洞的窗户设计新颖别致,海内罕见,用镂空雕手法所镌刻的喜鹊登梅、凤戏牡丹、玉树锦鸡、琴棋书画、杏林春燕、松竹梅兰、五蝠(福)捧寿、一瓶(品)清莲(廉)、和(荷)合(鹤)二仙等图饰取代窗棂,使虚与实、情和景相互融通,窥窗如看画,看画却凭窗,令一向与书画艺术无缘的窗户平添了妙不可言的艺术灵性,达到了有清一代著名的美学大师李渔所谓之"是山也可以作画,是画也可以作窗"、"坐而视之,则窗非窗也,画也;山非屋后之山也,即画上之山也"、"以山水图作窗,以梅作窗,窥窗如画,当窗如画"的艺术效果和唯美境界,给王家大院的建筑群体增添了无穷的艺术美感、生命活力和诗画韵味。

与如诗如画的绚丽窗棂形成对比的是,王家大院另外有一些窗户几乎不事任何雕饰,而是仅用几根极其简单的条状图案,仿佛信手涂画的寥寥数笔的白描,凸显着朴拙至简的大雅和大美。另外有一些用横条和竖条窗棂拼装的斜方格、步步锦、豆腐块、回字、井字、口字、卍字、寿字等图案简而不单,雅而不俗,有如高手作画,意在笔先,以一当十,巧妙布局,恰到好处,令人看后如饮甘醪,回味无穷。

志节独垂千古后　操持只在五伦中

——王家大院的孝义坊·孝义祠

王家大院所在的静升镇原本有各种牌坊共计18座，其中16座属于王氏家族所有。这些牌坊或用木构，或以石雕，造型各异，精巧细腻，全部系奉皇帝圣旨而建造。

作为封建社会荣誉的象征和宣示功德的"广告"，这些牌坊或者矗立于街头、巷口，或者布列在祠堂、祖坟，可惜大多数在"文化大革命"期间几乎被毁坏殆尽，而今仅有静升王氏后裔于清高宗乾隆年间（公元1736~1795年）奉旨为王氏第十五世王梦鹏所建造的旌表孝义的牌坊孑遗独存。

孝义牌坊以及紧随其后的王氏家族孝义祠位于东宅院高家崖的正南和西宅院红门堡的东侧之坡底临街处。

王家大院孝义牌坊

王家大院孝义祠窑楼

孝义牌坊通体采用青石雕造，三门四柱三楼头单檐五脊庑殿顶，面阔13.94米，举高7.36米。牌坊底部柱周置石狮10尊，造型生动，活泼玲珑，栩栩如生，紧护坊柱，起戗柱和抱箍石作用。牌坊当心间两柱的前、后各置一狮，东西两次间的边柱前、后及其外侧各置一狮。四根坊柱的正面和背面全都镶嵌有楹联，其中当心间两柱正面楹联内容为："清芬克绍先声品重竹林孝义敦而厚俗，丹绂式褒硕德辉绵槐砌子孙念以承家。"背面楹联的内容为："艺苑懋醇修敦本施仁绪溯河汾推族党，天家垂旷典享祠表里风传唐魏励贤良。"东西两次间的边柱上正面楹联内容为："克笃行宜超流俗，载锡丝纶启后昆。"坊额所题"孝义"两字出自清代著名书法家、内阁大学士、当朝宰相翁方纲手笔，题写于乾隆乙巳年（乾隆五十年，公元1785年）。牌坊檐下镂空雕刻仿木结构斗拱，增添了牌坊的灵动感和俏丽感。庑殿顶之形制及其下部所施之斗拱，证明了牌坊的规制极高，并且是奉旨而建，可见牌坊所旌表之人品行超卓而非庸常俗流。

孝义祠紧随孝义坊之后，位居牌坊正北，祠、坊前后呼应，一线叠置，比肩联袂。祠院由上、下两部分组成，建筑面积428平方米。祠堂大门面阔五间，单檐两坡硬山顶，东西两侧的梢间砌墙为室，当心间与左右两次间向内收缩，形成前檐门廊，三门一开，两次间筑墙。当心间的祠门两侧分别置石狮各一尊，高踞于束腰须弥座之上，实则起门墩石之作用。

祠内下院占地面积210平方米，正面筑窑楼，左右两侧厢庑系平房，辟为东、西碑廊。窑楼底部砌筑窑洞三孔，窑顶部建木结构楼房三间，上、下前檐均出廊。窑顶之上的木构楼房施

王氏宗祠大门

勾栏、望柱,当心间为单檐九脊歇山顶,东西两次间的屋顶低于当心间,系单檐硬山顶,形式起伏多变,显得灵动而不呆板。底层窑洞的后部与停尸房前后相连,正房的东西两侧分别有门洞及台阶与上院相互沟通。

祠内上院的建筑面积达218平方米,正房居北,东西两侧建廊庑。戏楼在上院正南,一间见方,单檐九脊歇山顶,四面敞朗无墙,虽然以"楼"为名号,实则是亭式建筑。戏楼的左右两侧建东西耳房,供优伶化妆和卸妆之用。

孝义祠原本是王梦鹏去世之后族人和乡亲奉旨为旌表其功德而建造,1998年复原重修之后,祠内供奉炎、黄二帝及太原王氏始祖王子乔浮雕像,并且设置有王氏各宗衍派始祖之神主牌位,于是这一座小小的静升王氏之祠堂,因此而成为具有实际意义的华人王氏家族共享的"大王家祠堂",海内外的华人王氏后裔来这里敬香谒祖,祭祀祖宗,形成一大盛景。

王梦鹏字"六翮",号"竹林",乃清季康乾时期的一介书生,平时除了农耕之乐,唯一的嗜好是读书吟诗,尤擅翰墨,却是既未科考入仕,亦非富商巨贾。他11岁丧父,20岁丧母,因念父、母养育之恩,遂"每饭必祭,每祭必诚。其哀哀之声,尝使路人闻之泪下"。王梦鹏丧父失母之后过继于叔父门下,对继父和继母视若亲生父母,在继父和继母相继过世之后"更还墓旁筑庐,毕哀毕敬"。他一生不仅以"克尽子职,修孝于门内"的孝行为乡人所敬重,而且"扶危济困,施义于

孝义牌坊抱鼓石

供奉神仙的壁上神龛

王梦鹏去世之后，王氏族裔及静升镇乡亲终于请旨获准，于是为其动工兴建了旌表孝义的石牌坊，并且于仁宗嘉庆元年(公元1796年)建成孝义祠，将王梦鹏一生的所作所为奉为楷模，以孝义坊和孝义祠这一种中国封建社会彰显孝义的最高建筑形式予以褒扬和旌表，以昭示后人效法之。

大约是因为王梦鹏的德行的确是出其类而拔其萃，堪称一代表率和楷模，所以当时朝廷中的达官显贵多对他的仙逝深表哀悼，并且亲自撰写挽诗或挽联致祭。其中以内阁大学士、当朝宰相刘墉(即名著当今的"刘罗锅")所撰"志节独垂千古后，操持只在五伦中"和礼部尚书彭元瑞所撰"至性发高义，身世皆春温"两幅楹联最具代表

乡里"。同乡人"有纷争者，得其片言而立解，不再投衙诉讼；有欠其债无力偿还者，他当众焚券，使欠者不再存虑"。他不但乐善好施，而且举凡修桥、补路、赈灾、扶贫、创办义学……之事皆一一慷慨解囊，从不吝啬。王梦鹏由于儿子王中辉入仕，任"候选州同"，因而被朝廷敕封为"儒林郎"，后来又因为王中辉加官"州同加五级"而受朝廷诰赠"四品中宪大夫"。他的懿德嘉行深受族人及乡亲们所崇仰，于是拟联名上书朝廷，恳请旌表，但是因为王梦鹏本人力辞而止。

照壁砖雕

孝义祠戏楼

性，高度概括和评价了王梦鹏虽然平凡但却高尚的一生。

王梦鹏写得一笔好字，其书法作品楷、隶、行、草互见，字体龙飞凤舞，潇洒自如，隽秀飘逸，精、气、神俱佳，与其人品一样为时人所称道，备受各方面人士的关注，声名闻达于朝、野。当时的著名书法家、内阁大学士翁方纲在为《莱青山馆藏翰》所作跋中对于王梦鹏的书法作品给予了极高的评价：

先生德重乡党，初未尝以书显，晚岁性耽澹泊，而书法亦极平淡高逸，无烟火气。即偶临古帖，亦间出己意。超越娴静，如其为人，自是书家上乘，绝去近代蹊径远矣！正不当以疏野目之。

王梦鹏书品与人品俱佳，并且在时人心目中所占据的崇高地位，由此可知。

王梦鹏的遗墨由王氏后裔收罗在一起，勒石珍存，即所谓"石书"。石书内容广博，彼此之间互不连贯，并且系日常信手挥毫而荟萃于一处，据落款可知大多是王梦鹏晚年所写，自当属于他书法造诣臻达至高境界的炉火纯青之作。

勋业偕绵峰永峙　儒行并汾水长清

——王家大院的全方位扫描与多层次解读

本书作者一向认为：文化的透析、历史的审视、艺术的张扬、哲学的思辩、宗教的感悟是理解和认识事物既深且透的最佳途径和不二法门。

我们不妨就王家大院的建筑及其独具的风格作文化、历史、艺术、哲学、宗教的全方位扫描和多层次解读。

王家大院虽然偏居山区小县的沟谷丘壑之中，却毫无简陋、村野、粗俗、浅薄之感，其建筑以及风格凸显着丰富多彩的文化蕴涵、悠远古老的历史传承、高雅脱俗的艺术品位、通灵辩证的哲学理念、释道儒融通的宗教意味。

关于静升王氏家族的发迹，有诸多不同版本的传说。其中一说曰：王氏始祖王实迁居静升镇之后，租田耕种，兼卖豆腐，聊以糊口。有一天，王实卖豆腐归来，看见一位上了年纪的老人昏倒在自家门前，便扶之入室，延医请药，精心调理，遂使老年人得以康复。

这位老年人原来是一位善看"风水"的堪舆专家，出于感恩图报的心理，他为王实选定静升镇北面的鸣凤塬做陵寝阴宅，并且选择村西槐荫拥翠处建供

黛瓦灰砖青一色，高门大院有书声。

宅院户门

松竹院门

活人居住的阳宅。王实及其后裔遵循风水先生之嘱而行事，分别兴建阴、阳两宅，果然家族人丁兴旺，财源广进，踏上了财运和官运共同亨通的康壮大道。

我们无须考证王家大院之兴建是否真的是由王实救助的老年人所选址，但是事实上大院所在的位置的确可以称得上是占尽地利、风光无限的"风水宝地"。

这偌大的大院坐落在背山面水、负阴抱阳的黄土坡上，其北部形成了层次深远、高大雄伟的天然屏障和自然依托，南面则是襟怀舒展，视界开阔。背山而居可以迎纳冬季的阳光和暖流，面水作室则能够避免盛夏的酷热与炎暑，处于缓坡之上当无宅院被洪水淹没之虞，负阴抱阳更是地球北半部最适合人类居住的最理想朝向。规模宏大的建筑群与远山近水、蓝天白云、绿树田畴十分谐调，所有这些当然是封建社会士大夫官宦门第及富商巨贾在如此地形条件和地理环境中的共同选择，是中华民族讲求"天人合一"的建筑环境和建筑风水学说的生动体现。

"居易气，养移体，大哉居乎！"居住环境的选择至关重大，岂可等闲视之。

王家大院依山而建，堡墙高筑，墙内层楼叠院错落幽深，墙周东、南、西、北四座堡门俱备，规模宏伟，气势壮观，装饰华丽，构思巧妙，建筑布局沿

山西灵石王家大院

书塾院门

门枕石雕

式在封建社会宗法礼教制度之下便于安排家庭成员的住所,使尊卑、贵贱分等,上下、男女相隔,长幼有序,内外有别,充分显示了建筑物的时代特性和民族特性,是中华民族封建社会伦理纲常文化观念的建筑体现。

中国古代建筑中的宅院与花园是两种不同的建筑艺术范畴,造院讲究礼仪尊卑,造园追求诗情画意。建筑在山村野坳中的王家大院,则是将造院与造园融为一体,以园造院,院在园袭中华民族自西周肇始便已经形成并且延续了数千年的"前堂后寝,主从有致,尊卑有序"的排列形式,各种建筑物严格按照封建典章制度建造、布局,中轴正直,左右对称,层次分明,主体突出,空间构架在威严气势的整体氛围中不乏灵动活泼。

大院内与主体建筑并列的是厨房和私塾,形成了并不是左右对称的均衡格局。其厨房的前、后共计有七重门,将厨房院划分成为上、中、下三个等级,不同等级的人走不同规格的门,在不同类型的餐厅吃不同标准的饭食。位于大院西侧的是书斋、精舍、花园,这里是主人修身、养性、读书、休闲和少爷们接受启蒙教育的场所,与中轴线上的主体建筑形成了互补和对比关系,从而显得相得益彰。这种布局格

中，园内有院，气韵天成，使之成为得天地之神韵及造化之机巧的恢弘大气之作。将庞大的民居建筑群选建于山坡之上，令其巧借自然地形和地势而平添了空间的起伏和变化，气势巍峨峭拔，参差错落，静中寓动，避免了平面的呆板和沉闷，达到了自然空间与建筑空间的圆融和统一，"虽由人作，宛若天开"，建筑意境出手不凡，体现了师法自然的造园艺术手段。大院的整个建筑群体外表看似封闭，内部却显得颇为开放，并且运用门窗、台阶、幽径、甬道造成了千变万化的极为丰富的建筑空间层次，将北方建筑的雄浑与南方建筑的俏丽两种不同的风格有机地融为一体，显得气韵生动，意境幽远，格调高卓。

建筑物是人们生命的文化形态和生存方式的体现，是建造者人格、品味的外化和物化。王氏家族文人士大夫兼儒商的艺术审美观，深刻地影响了建筑物的立意、构思和设计：大商巨贾的万里驰骋、士大夫的千里作官，最后凝聚成为一座又一座南北建筑风格兼容、自然园林与民居建筑特色俱备、充满历史厚度与文化底蕴的大宅院。

大宅院内中

楼台厅堂凝文气，儒雅兴衰二百年。

轴对称、左右均衡的建筑平面布局，以及并非绝对对称的均衡布列，与中国儒家所倡导并且身体力行的"中庸之道"和"礼制观念"相互融汇贯通，把儒教文化的严谨秩序、佛教文化的空灵境界、道教文化的自然无为相熔于一炉，处处追求自然园林的诗情画意，各种不同风格以及不同形制的建筑物或玲珑，或宏大，或疏朗，或幽深，无一不在证明着什么，诠释着什么，解读着什么。游览者身临其境，如在诗里，似在画中，于不知不觉之间进入"居于儒，依于道，游于禅"的意境而心旷神怡，陶然忘机，走进历史的隧道，获得文化的熏陶。

红门堡凤泉井亭

王家大院不仅是王氏家族的日常生活起居之所在，而且是培育文化人才的摇篮。是大院内的文化人创造了文化的大院，同时也酿制了独具特色的大院的文化。"黛瓦灰砖清一色"的王家大院，"高门大院有书声"。正是这琅琅书声使得高门大院"楼台塾馆凝文气"，以致"儒雅兴衰二百年"。二百年来，"深山藏宝不知奇，大院山庄古宅居"终于在和平崛起的大中华走向世界之际，不再自甘寂寞而厕身于这股洪流之中，"愿领风骚攀世界"，它的最大的本钱就在于它敢于"全凭文品论高低"（文中所引诗句为郑孝燮先生所写）。

沿着历史的轨迹线一路走来的王

家大院,承载着极为丰富的历史信息,它本身就是一部厚重的历史巨著和光彩色夺目的历史里程碑。作为建筑群体的王家大院,它当然是活体的建筑史,不只是山西的建筑史,而且是黄河流域的建筑史和中国北方的建筑史,尤其是中国明、清两代的民居建筑史。走进王家大院,你会对中国历史长河中的某一时空区间建筑群体的平面布局、空间构架、风水环境、建筑材料、建筑装饰、建筑艺术、居住功能、生存形态等一目了然,对于中华民族的建筑文明获得鲜活而全息的认知和领悟。

王家大院既然以"王家"为名号,它当然是家族史、尤其是王氏家族史某种程度的建筑反映和体现。走进王家大院,你会对华夏先民"姓"与"氏"的肇端、繁衍、区分、合一之来龙去脉了解得清清楚楚,明明白白;对于婚姻、家庭、社会、民族、国家之渊源流变的历史脉络获得准确的把握,认知"血浓于水"这一千古传承而颠扑不破的真理,更加坚定大中华和大中国不可分割终成一统的坚强信念。

王家大院是建筑在黄河流域黄土高原山乡野坳的晋商宅院或士、农、官、商合一之大宅院,因此它同时也是黄河文明、黄土文明、农耕文明的历史见证,是活生生的晋商辉煌史、儒林外史和内史、官宦浮沉升降史和仕途坎坷史之活教材。走进王家大院,院内的

日照龙鳞万点金

山西灵石王家大院

中国民间紫禁城

一砖一石一栋一梁一门一窗一雕一刻一图一饰会使你清晰了解传承久远的中华节令民俗和二十四节气与黄河流域黄土高原上的这一方土地所具有的密切关联和因果关系，以及这一方黄土地上所承载的中华农耕文明之璀璨光焰。静升王氏第十四世王谦受由于参与清廷平息吴三桂叛乱而致"平叛一功宠三朝，三朝都封王家人"，缘此而进入官场，走上了官商结合的大道而财源广进，从而参与创造了晋商文化的辉煌史，其屋顶正脊两端的张口兽宣示了静升王氏不同于一般晋商的殊荣和尊贵。

王家大院的建筑物依山就势布局，"美人骨骼有神韵，尽在参差错落中"；木、石、砖"三雕"艺术品则是"天上取样人间造，雕艺精湛世上绝"，完全可以称得上是"片瓦有致，寸石生情，外立于象，内凝于神"；它的数百座不同类型、材质、形制、功用的门酿造了"山顶重门次第开"和"深院春归燕入帘"的诗画意境；窗户则是"窗如画

独具神韵瞻月亭

卷，画作窗棂"，令人"窥窗如画，当窗如画"，极具艺术美感和诗画韵味。华夏民族的文物风习和大院主人的精神追求，通过三雕艺术品与门窗艺术获得了全方位和多层次的反映，文人雅趣及市民俚俗兼而有之，佛与禅的空灵、老庄哲学的灵性、儒家的治世理念皆有体现。王家大院的"勋业偕绵峰而永峙"，王氏家族的"儒行并汾水以长清"，它是当之无愧的晋商大院和大院文化交响乐章中的高潮曲，唱彻九霄，声振云天，余音不绝，传诸久远。

乡村小庙成子遗　斯文在兹见儒行

——与王家大院融为一体的静升文庙

与王家大院在空间上几乎融为一体的静升镇文庙，是中国文庙建筑的罕见遗存。中国古代的文庙之建，俱在州、县及其以上的政区治所驻地，而乡村文庙之兴建并且遗存至今者如同凤毛麟角，少之又少，十分罕见。

静升镇文庙始建于元文宗至顺三年(公元1332年)，告竣于元惠宗至元二年(公元1336年)。庙内今存《重修文庙记》碑刻铭文记载："庙学之设自汉始，盖明夫子之道，集前贤之大成……历代相沿，国学而外，亦止于郡邑，而乡村无与闻焉。惟静升里中有庙，准县学制，不陋不华。盖创于先元至元二年，先民南塘辈倡之。"明神宗万历三十一年(公元1603年)，静升生员、王氏第十二世王大纪因文庙"时久物坏，栋折榱摧"，曾经聚众计议进行维修，可惜此时由于王氏家族自身的财力不济，乡民亦多贫困，遂因"费大而止"，仅增建厢庑于庙内的东西两侧。清圣祖康熙十四年(公元1675年)，静升王氏第十四世、王大纪之孙王斗星为了实现祖父遗愿，独捐金200两重修文庙，并且购买水田四分，改修路径于影壁之南，形成现状。文庙东侧的魁星楼

静升文庙东侧小门

始建于康熙元年(公元1662年),民国二十二年(公元1933年)在原有两层的基础之上加高为三层。此后于1996年对文庙影壁和魁星楼予以修葺,2000年又对文庙实施了全面整修,恢复原貌。

我们说静升文庙乃罕见之物,不仅是因为这是一座乡村文庙,尤其是因为它是一座元代建筑。元代建筑的历年久远而今存无几所具备的文物和历史价值自不待言,更令人感到珍贵的是:元蒙时期乃蒙古人入主中原,游牧文化对农耕文明造成了巨大的冲击和破坏,重武功而轻文治的元蒙朝廷废除科举,读书人的入仕之途骤然中止,被贬为贱民,政治地位极其低下。宋朝遗老、元蒙治下之民郑思肖所著《铁函心史》卷下之《鞑法》中对于元蒙统治者将其治下之民划分为十个等级作了详尽表述:"一官二吏三僧四道五医六工七猎八民九儒十丐。"其中的"七猎八民"似有出入与模糊,同为宋朝遗老的谢枋得在其所著《叠山集》卷六《送方伯载归三山序》中说得更加清晰和精准:"滑稽之雄,以儒为戏者曰:'我大元制典,人有十等,一官、二吏,先之者,贵之也。贵之者,谓其有益于国也。七匠、八娼、九儒、十丐,贱之也。贱之者,谓无益于国也。'嗟乎卑哉!介乎娼之下,丐之上者,今之儒也。"排行第九的"臭老九"知识分子的前身儒林学士地位之低贱竟在娼妓之下,故于元代兴建被儒者视为圣地的文庙,当然是罕见之举。斯时于乡村建文庙,尤为罕见。静升文庙之珍贵,由此可知矣!

正因为是乡村文庙,所以它的规模当然不会太大,占地仅3500平方米。然而庙宇虽小,却是影壁、棂星门、泮池、状元桥、献台、大成门、大成殿、崇圣殿、尊经阁、魁星楼、廊庑、义仓、庙学俱全,与州、县文庙相比较一样不缺。唯其小而全,因而别有一种玲珑袖珍之美,乃州、县文庙所不及。

鲤鱼跃龙门照壁

静升文庙魁星楼

文庙前端的影壁,最受游人所称道,是此一建筑群体最具特色的建筑物。影壁面阔10米,通高7米,厚1米,壁心镶嵌"鲤鱼跳龙门"双面镂空石雕。石雕画面上有龙门巍峨屹立,气势雄浑壮观。龙门下面的黄河水奔腾喧闹,波飞浪涌,二龙高踞其上,显首藏尾,飞舞盘旋,鳞爪隐现于云烟水雾之中。其中一龙张口喷水,水注直冲龙门。半空中一条鲤鱼迎龙门而上,头部似已成龙,后面仍是鲤鱼之尾,分明是正在跳龙门而变龙的变化过程之中。河水中有七尾鲤鱼分列左右,逐浪追波,审时度势,均在准备作把握机遇的借势一跃。整个影壁以石作画,以画喻理,在生动描绘鱼龙蜕变的全过程中所洋溢的生命的活力和动感,凸显着高昂的气势,彰显着巨大的力度。影壁北接状元桥,东伴魁星楼,南对文笔塔,西邻孝义祠,使中国古代的莘莘学子无不望而砺志,激发其"金榜题名"的崇高理想。

附属于文庙的义仓,在封建社会是丰年存储粮食、灾年开仓济贫的社会公益机构。从有关资料可以查知,静升王氏第十五世王梦鹏、王中堂,第十六世王奋志,第十七世王汝玑、王汝聪等,均曾经慷慨义捐,扶贫济困,令小小的静升文庙成了王氏家族成员多行善事慈济救人的历史性碑记和证据、信物。

已经成为文庙有机组成部分的庙学,在古代向来是传道、授业、解惑的静升镇学府。自庙学开办以来,这个乡村学校在科举场上共计高中进士11名,其中一名进士参与了清朝末年的"戊戌变法"。此外考中举人18名,这些举人中的苏溪村人耿文光乃清末山西著名藏书家和目录学家,其所建"万卷精华楼"的藏书量多达46类约10万卷,所著《万卷精华楼藏书丛记》已经收入《山右丛书集成初编》,另外编著有《目录学》9卷、《苏溪渔隐读书谱》4卷,今存在山西省图书馆。山西古籍出版社出版的《山西藏书家传略》一书,列有耿文光传记。